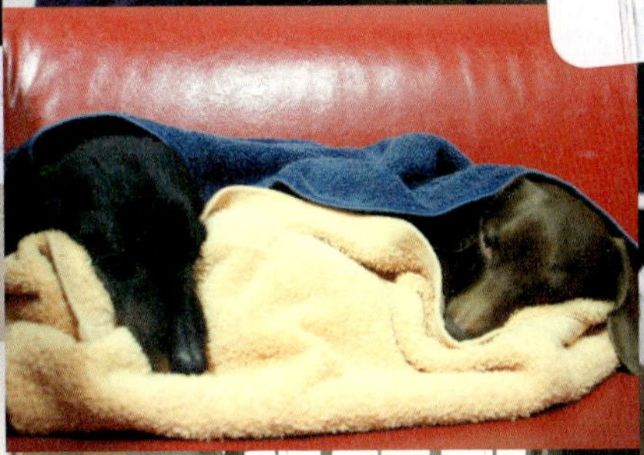

TRINITY -SLIM

“全身やせ”ストレッチ

SHIHO'S AGELESS
BODY MAKING

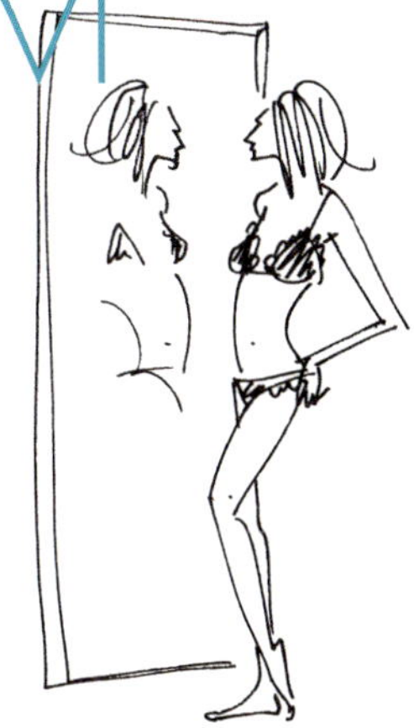

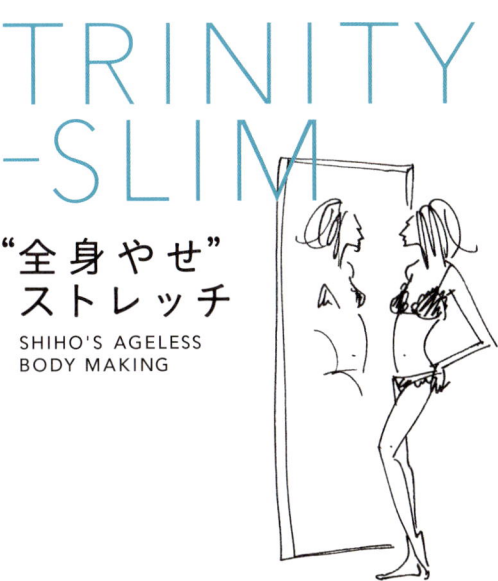

SHIHO talks about TRINITY-SLIM BODY

TRINITY-SLIM shows us that we cannot neglect either balanced postures and slow deep breaths.
We can find a number of trinities in our life, especially in SHIHO's ageless body making.
We have the answers within us, but they don't take incredible discipline and hard work.
Discover the brilliant abilities of our body!

しなやかで
透明感のある体へ。

SHIHO talks about
TRINITY-SLIM BODY

TRINITY-SLIM shows us that we cannot neglect either balanced postures and slow deep breaths.
We can find a number of trinities in our life, especially in SHIHO's ageless body making.
We have the answers within us, but they don't take incredible discipline and hard work.
Discover the brilliant abilities of our body!

やせている体とキレイな体、どこが違う？

SHIHO talks about TRINITY-SLIM BODY

TRINITY-SLIM shows us that we cannot neglect either balanced postures and slow deep breaths.
We can find a number of trinities in our life, especially in SHIHO's ageless body making.
We have the answers within us, but they don't take incredible discipline and hard work.
Discover the brilliant abilities of our body!

姿勢が違う。

TRINITYがキレイな体を作ってくれる

体って怠けるとすぐにゆるむし、たるんでしまう。
重力には逆らえないものです。
二の腕やお腹まわりなど気になるところを引き締めても、
気をゆるめたらすぐに元通り。そんな経験ありませんか？

妊娠をきっかけに1年近く体を動かすことをやめていました。
おかげで出産後は、驚くほど筋力が落ちてお腹まわりはぷよぷよ。
骨盤はゆるみ、授乳で猫背になり、腰痛にも悩まされました。
産後1ヶ月目から体型を戻すために始めたのは、
やせることでも、引き締めることでもなく、
体のベース＝骨格を整えることでした。

ヨガやエクササイズ、ストレッチを続けてきて気づいたのは、
骨格を整え、正しい姿勢を身につけることができれば
あっという間に全身がキレイになるということ。
姿勢が整うほど、ぜい肉はつきにくくなり、
ダイエットや余計なトレーニングは必要なくなる。

「TRINITY-SLIM」は、
“正しい姿勢”のために必要な骨格作りを
簡単に、丁寧にまとめたものです。
どんな部分やせトレーニングをするよりも効果があり、
何より確実に、早く、簡単に“全身やせ”します。

産後の体作りに悩んでいる方はもちろん、忙しくて運動できない方、
キレイな体になりたいと願うすべての方々へ。

体は、今すぐ変えられます！

CONTENTS

【注意事項】
◆ この本の内容は、各自の体調を考慮した上で自己責任のもと行うようにしてください。体に違和感を覚えた場合は、無理をせず中止してください。
◆ 妊娠中や産後の方ができる運動も含まれていますが、体調には個人差があります。必ず医師に相談の上、許可を得てから行うようにしてください。ケガや体調不良が生じた場合、製作者は一切の責任を負いかねます。
◆ 妊娠中および産後の方は、マークの注意事項を確認の上で運動を行ってください。

姿勢を正して、キレイな体へ

TRINITY-SLIM、“全身やせ”の

“全身やせ”の
ヒミツ

1 姿勢を正せば“全身やせ”する

20代の頃は、体をパーツ単位で見ていました。二の腕を引き締めたい、お腹を凹ませたい、脚を細くしたいなど“部分やせ”したくて、夢中でトレーニングを続けていました。けれど、気になる部位を引き締めても油断をするとすぐに元に戻ってしまいます。実は、二の腕の太さやポッコリお腹、脚のむくみなどは、体のゆがみやクセが原因のひとつ。ただダイエットや部分やせトレーニングに励んでも根本的な解決にはならず、その効果は一時的です。まずはゆがみやクセを取り除き、骨格を正しい位置に戻すこと。骨格を整えて、正しい姿勢をキープできれば、体のラインや肉づきは変わり驚くほど早く“全身やせ”します。「TRINITY-SLIM」は、骨格をゆるめて、整えて、正しい姿勢を作ってくれるメソッドなのです。

TRINITY-SLIMの“全身やせ”

1 意識するのは姿勢だけ
2 姿勢を整えれば、半永久的に効果あり
3 ストレッチが基本
4 ダイエットは不要
5 女性らしいボディラインになれる

今までの部分やせ

1 意識するのが顔、二の腕、お腹、お尻、脚……多すぎる！
2 根本が正せないので、効果は一時的
3 ハードなトレーニングを要することも

ヒミツ！

妊娠・出産をきっかけに一から体作りを始めた
SHIHOが考案した、ラクして簡単に体をキレイにする
「TRINITY-SLIM“全身やせ”ストレッチ」。
どうしたらすぐに体は変わるの？ そのヒミツがここに！

“全身やせ”の
ヒミツ

2 正しい姿勢を作るのは“腸腰筋”です

産後の体型戻しで私が注目したのは、お腹の奥にある“腸腰筋《ちょうようきん》”です。
ここでの“正しい姿勢”とは、背骨が自然なS字カーブを描き、
骨盤がまっすぐに立っている状態です。正しい姿勢を保つためには、
背骨と骨盤を支える筋肉=腸腰筋が最大のポイントになります。
“全身やせ”するには腸腰筋の存在が不可欠なのです。
腸腰筋は鍛えることが非常に難しく、意図的には動かしづらい筋肉。
けれど、この存在や役割を知っておいてください。
「TRINITY-SLIM」は、腸腰筋の働きを高めてくれるメソッドです。

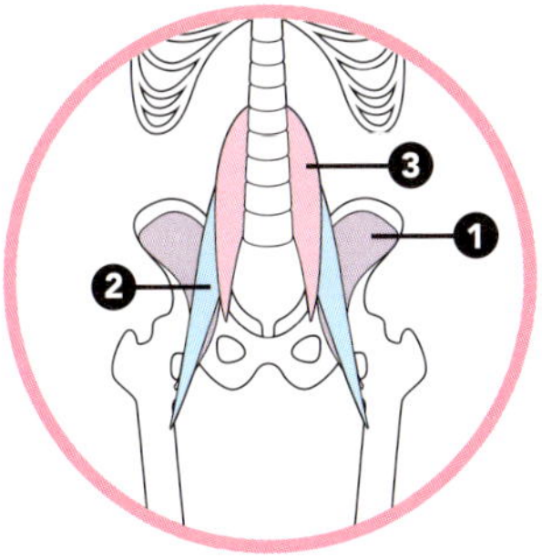

❶ 腸骨筋
❷ 大腰筋
❸ 小腰筋
→ 腸腰筋

腸腰筋ってどこの筋肉？

［ 腸腰筋 ］

3つの筋肉（腸骨筋、大腰筋、小腰筋）の総称で、お腹の奥で骨盤と背骨を正しい位置にフィックスして支えている、姿勢と密接な関わりを持つ筋肉です。骨盤を前傾させるための筋肉であり、背骨の反り（アーチ）を形成、お尻の筋肉を引き上げたり、ハリを持たせてくれます。

3 今の姿勢を知ることが“全身やせ”の第一歩

体の美しさを決めるのは、ダイエットよりも姿勢です。
姿勢さえ整えれば、ぜい肉がつきづらく、太りにくくなります。
二の腕もお腹も脚もすべて、正しい姿勢を習慣にできれば細くなるのです。
では、“正しい姿勢”とは？ まずは立ち姿から姿勢をチェックしてください。
ポイントに注意して、“今の姿勢”と“正しい姿勢”のギャップを感じよう。

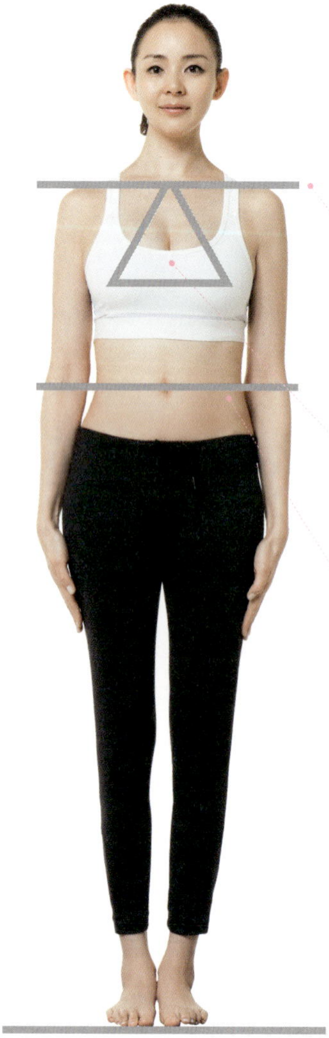

FRONT 正面チェック

鏡の前で、
まっすぐに立ってみよう

CHECK 1

肩と鎖骨が一直線になる。

POINT → **肩を下げる**

CHECK 2

鎖骨の間のみぞと両バストトップを
結ぶと正三角形になる。

POINT → **みぞおちを引き上げる**

CHECK 3

両ひじを結ぶ一直線上におへそがある。

POINT → **腰を反らさず、お腹を引き上げる**

SIDE
横チェック

壁を背にして、
まっすぐに立ってみよう

姿勢チェックで、
体の力を抜く感覚や
引き締める感覚を体験して！
「TRINITY-SLIM」は、それらを
身につけるメソッドです。

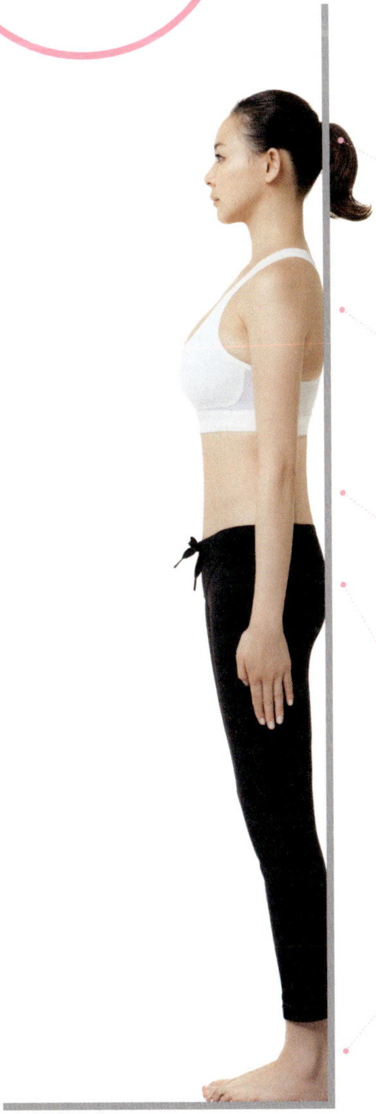

CHECK 1
頭がまっすぐ壁につく。

POINT → **あごは上げすぎず、下げすぎない**

CHECK 2
肩甲骨全体が壁につく。

POINT → **肩を下げて、みぞおちを引き上げる**

CHECK 3
壁と腰の隙間は、手のひらが入るくらい。

POINT → **腰を反らさず、お腹を引き上げる**

CHECK 4
お尻が壁につく。

POINT → **お尻を引き締め、恥骨を少し前に押し出す**

CHECK 5
かかとが壁につく。

POINT → **重心は両足のくるぶしの間に**

※重心が前にきてしまう場合は、かかとを少し壁から離す。

3つのメソッドで
スリムになれる

TRINITY-SLIM
“全身やせ”ストレッチ

ゆるめる→整える→インプットする

正しい姿勢を身につければ“全身やせ”できる。
誰でもラクに簡単に、これを実践・実感できるのが
「TRINITY-SLIM “全身やせ”ストレッチ」の3つのメソッドです。

METHOD1 LOOSEN で呼吸を使って体をゆるめ、
METHOD2 FIX で骨格を正しい位置に整え、
METHOD3 INPUT で姿勢を覚え込ませるだけ！

「TRINITY-SLIM」を行えば、無理なダイエットをしなくても、
日常生活の中で自然と“全身やせ”が実現します。
DVDと本を参考に、ちょっとした動きのコツをつかんでください。
コツを知るか知らないかで、効果は全然違います。

360度、どこから見ても美しいエイジレスボディへ。
意識しながらストレッチするだけで、無意識にキレイになれる！

METHOD 1

LOOSEN

［ゆるめる］

呼吸を使って体をゆるめ、ゆがみやクセをリセット！
深い呼吸やヨガのポーズは、腸腰筋を柔軟にする手助けに。

METHOD 2

FIX

［整える］

骨格を正しい位置に整え、
お腹の奥にある筋肉を
目覚めさせる！
肩関節や股関節を
動かすことは、
腸腰筋をイメージする
手助けに。

TRINITY -SLIM

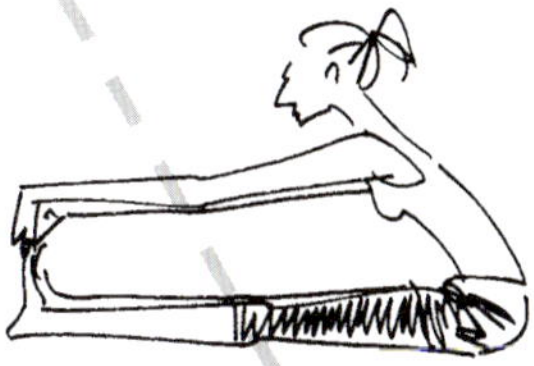

METHOD 3

INPUT

［インプットする］

正しい姿勢を体に覚え込ませ、
姿勢を整える習慣をつける！
姿勢を維持することは、
腸腰筋に働きかける手助けに。

METHOD 1

LOOSEN

[ゆるめる]

体の力を抜き、ゆるめて、リラックス。
“全身やせ”は、ここから始まります。
深い呼吸でラクしてキレイになろう。

Deep breath
makes your body loosen

呼吸で体のクセやゆがみ、凝り固まった体をほぐす

“全身やせ”を目指すなら、まずは体をゆるめることから。どんなダイエットやトレーニングをしても、体のクセやゆがみがあるままではキレイな体にはたどり着けません。力を抜いてニュートラルな状態に戻すことが大切です。

ヨガに出合って、体がしなやかに美しくなりました。それは何よりも深い呼吸のおかげ。ヨガでは、難しいポーズをすることや体を柔らかくすることよりも深く呼吸することを意識します。呼吸は、体内の巡りをよくすると同時に、体と心をリラックスさせ、芯からほぐしてくれます。私が3時間という安産で出産できたのも、妊娠8ヶ月から毎日のようにヨガで深い呼吸を練習していたおかげでした。

「LOOSEN YOGA」では、深い呼吸をしながら全身を伸ばすことで、凝り固まった筋肉がほぐれ、肩甲骨や股関節がリセットされます。“全身やせ”は力の抜けた状態を実感してこそ手に入る。体の中のゆがみやクセをなくし、しなやかな体を作りましょう。

こんなにもヨガを続けていられるのは、大友先生との出会いがきっかけ。
先生のレッスンを通じて、「ゆるめる」ことの大切さを知りました。

WARMING-UP

呼吸法

深い呼吸を身につけよう

体をゆるめてリラックスするには、深い呼吸がとても役に立ちます。
数分でも行えば、全身の巡りがよくなり体のゆるみや伸びを感じることができます。
“鼻呼吸”には、免疫力が向上したり、あごまわりがスッキリするなど、
健康や美容においての嬉しい効果もたくさんあります。

HOW TO

口を閉じて、鼻で呼吸します。舌は上あごにつけ、鼻から空気を吸って鼻から吐きます。
全身に空気が巡るイメージを持ちながら、大きく深い呼吸を繰り返します。1日1分からスタート。

POINT

“のど”を意識する

鼻を意識しすぎると、呼吸は浅くなりがちに。
のどから吸い込んでのどから吐くように意識すると、深い呼吸がしやすくなります。
空気がのどを通るとき音を出すようにして、耳で確認しながら行ってみましょう。

吸う息、吐く息は“均等”に

息の長さは自由。
なるべく同じ長さで“均等呼吸”を繰り返します。
自分なりの深い呼吸で、秒数を決めて行うことがオススメです。

リラックス
できる
体勢で

のどを意識する呼吸が
わかりにくい場合には、
のどに手を添えて。

椅子に座ったり、立ったままや横たわってでもOK。

ラクしてキレイになる

LOOSEN YOGA

深い呼吸でリラックス。体をゆるめよう

体をゆるめるのはもちろん、こりや疲れが溜まったときや
リフレッシュしたいとき、朝や寝る前などにも最適なメソッド。
妊娠中の安産ヨガとしてもオススメです。

[始める前に]

・気持ちがいいと思える体勢をキープ。無理して体を曲げるより、ラクな体勢を優先させて深い呼吸を繰り返しましょう。

・ヨガマットを使用しましょう。

・SITTINGの体勢がつらい方は、正座や脚を伸ばしてでもOK。

[注意点]

・妊娠中の方は、医師と相談の上で必ず安定期に入ってから行ってください。

・産後の方は、医師と相談の上で正座で行ってください。

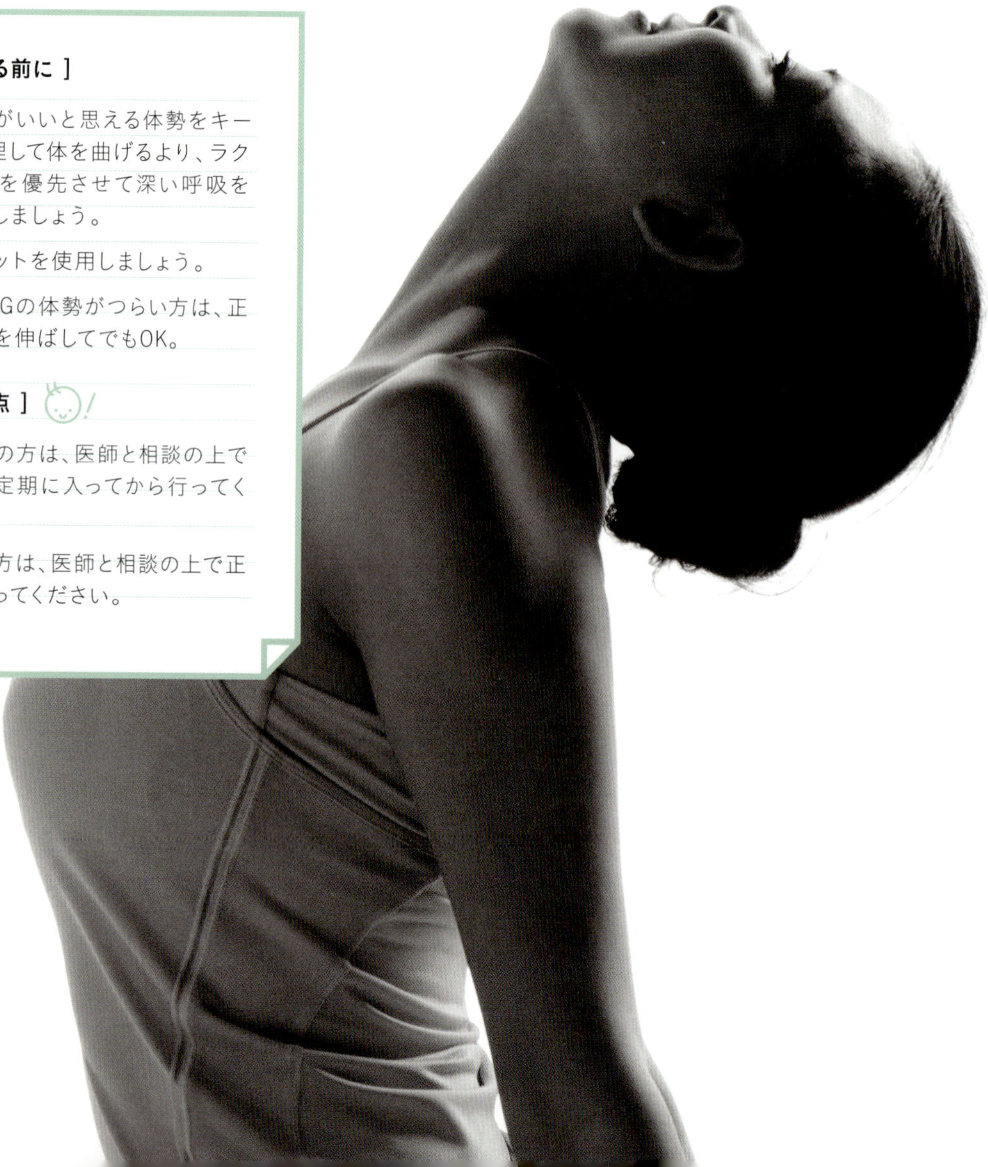

1 起立

肩が壁に触れるくらいの位置で立つ。つま先の位置を変えずに、壁が正面になるように体の向きを変える。

2 肩伸ばし

肩幅に脚を開いて立つ。両手を広げながら上へ伸ばし、壁につける。お尻を後ろに引き、おでこを壁につける。ゆっくりと呼吸しながら、肩まわりをストレッチ。

妊娠中の方は、
脚を肩幅より
少し広めに開いて。

STANDING | 立ち

腰に負担を
感じたら、
手を少し上に
引き上げて

3 背中伸ばし

手は壁につけたまま、足を1歩後ろへ。再びお尻を後ろに引き、おでこを壁につける。ゆっくりと呼吸をしながら、胸と背中全ストレッチ。

肩を
下げる意識を
持って

4 脚伸ばし

手のひらを壁につけ、片脚を大きく後ろへ引く。腕が床と平行になる位置で壁を押す。後ろへ引いた脚のふくらはぎをストレッチ。頭の先からかかとまでが一直線になるように。反対側も同様に。

SITTING｜座り

足の裏を
合わせるのが
つらい人は
正座でもOK

1　合蹠《がっせき》

床に座り、両足の裏を合わせる。両手で足の甲をつかみ、息を吸いながら上体をまっすぐに立てる。

首、肩、
腰まわりは
リラックス

体が硬い人は、
かかとを体から
少し離して

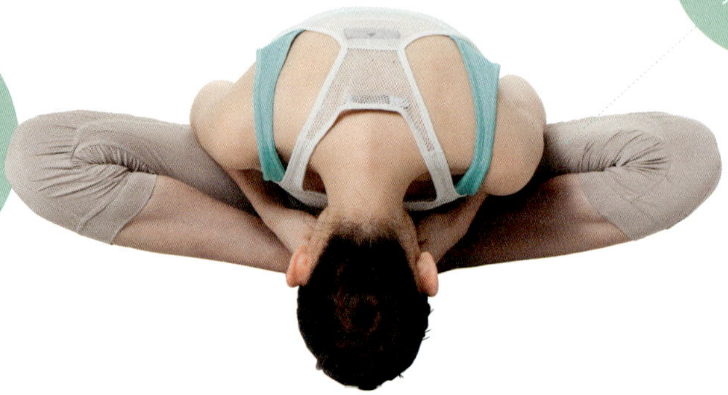

2　股関節伸ばし

息を吐きながら、ゆっくりと前屈。頭の重みを感じながら首の後ろを伸ばし、肩甲骨と股関節をリラックス。深い呼吸を繰り返した後、息を吸いながらゆっくりと上体を起こす。

肩は
リラックス、
体側の伸びを
感じて
無理して
伸ばすと呼吸が
浅くなるので
注意

3　体側伸ばし

足を前後にクロスして座る。息を吸いながら、弧を描くように右腕を上に伸ばし、息を吐きながら上体を真横に倒す。目線は床へ。息を吸いながら元に戻る。反対側も同様に。

首、肩、
腰まわりは
リラックス
お尻が少し
浮いてもOK

4　お尻伸ばし

息を吸って上体をまっすぐに伸ばし、息を吐きながら前屈する。両手は前方、遠くへと伸ばす。ゆっくりと呼吸を繰り返す。

クロスした足が下腹部を押すので、妊娠中の方は控えてください。
1のように両足の裏を合わせればOK。

胸を天井に
引き上げる
イメージで
つま先は
天井に
向けて

5　体側・内もも伸ばし

前に置いた脚を横に伸ばし、脚の前に手を置く。息を吸いながら上体をまっすぐにし、反対側の手は弧を描くように上へ伸ばす。息を吐きながら上体を真横に倒す。目線は天井へ。呼吸を繰り返し、上体を起こす。

無理に体を
回転させると、
呼吸が浅くなるので
注意
両内ももの
伸びを
感じて

6　上体ひねり

上げていた手を体の後ろ側に置き、上体をゆっくりとひねる。呼吸を繰り返した後、ゆっくりと上体を戻す。できる人は、後ろに置いた手を反対側の太ももまでまわして。

首、肩、
腰まわりは
リラックス
お尻が少し
浮いてもOK

7　お尻伸ばし

伸ばした脚を折った脚の内側に入れて足をクロス。息を吸って上体をまっすぐに伸ばし、息を吐きながら前屈。両手は前方、遠くへと伸ばす。息を吸いながら上体を起こす。

クロスした足が下腹部を押すので、妊娠中の方は控えてください。
1のように両足の裏を合わせればOK。

8　体側・内もも伸ばし、上体ひねり

5、6を反対側も同様に。

つま先は
天井に。
かかとは外側へ
押すように

9　開脚伸ばし

開脚して両脚の間に上体をまっすぐ立たせ、前屈する。手は前方へ。つむじから前方に引っぱられているような意識で上体を伸ばしながら倒す。

3の
ときよりも
深い伸びを
感じて

10　体側伸ばし

足を前後にクロスして座る。息を吸いながら、弧を描くように右腕を上に伸ばし、息を吐きながら上体を真横に倒す。目線は床へ。息を吸いなが元に戻る。反対側も同様に。

頭の重みを
感じながら

首は長く
伸ばして、
肩を下げて

11　首まわし

両ひじを少し引き、手のひらは上にしてももに軽く乗せる。呼吸に合わせて、ゆっくりと首をまわす。一周したら、反対方向もまわす。

体が硬い人は、
かかとを体から
少し離して

首、肩甲骨、
股関節は
リラックス

12　股関節伸ばし

両足の裏を合わせて、両手で足の甲をつかむ。息を吸いながら上体をまっすぐ立て、息を吐きながらゆっくりと前屈。深い呼吸を繰り返した後、息を吸いながらゆっくりと上体を起こす。

大友麻子先生
×
SHIHO

私たちの心と体に
ヨガの深い呼吸が
もたらすものとは？

出会いから８年。
大友先生には、マタニティヨガも教わりました。
今や、育児も共通の話題に。

SHIHO：大友先生に出会ってヨガを始めて、まず思うことは「体が若返る、キレイでいられる」ってことなんです。私自身もそう感じるし、年配の方でも20代、30代のボディラインをされている方が多くて。それってヨガの深い呼吸に秘訣があると思うのですが。

大友麻子先生（以下、大友）：普段は無意識に行っている呼吸だけれど、実はとても大切。心身を浄化してくれるんだと思います。疲れてレッスンに来た人が、活き活きして帰っていくもの。呼吸を大切に体を動かすことで、疲労物質が抜けていくというか。

SHIHO：加齢でつきやすくなる脂肪も、ヨガの呼吸とポーズを繰り返していると、いつの間にかなくなってしまう。それぞれにちゃんと意味があって、体がしなやかになって、活き活きしてくるんです。

大友：自分のパフォーマンスを最大に持っていくには、心身をフラットにして臨むことが大切だと思うのね。ヨガでは“活動と休息”を“太陽と月”になぞらえます。月の面を働かせる＝力を抜くことができれば、太陽の面も働く＝よりよく活動できる。そう捉えられているの。

SHIHO：なるほど！ ヨガを始めて、バランスをとることの大切さをすごく考えるようになったけれど、それは呼吸で心身がフラットな状態になるからなんですね。

大友：例えば、映画『グランブルー』で有名な潜水家のジャック・マイヨールは、素潜りでは無理と考えられていた深さ、無呼吸の長さを実現させたのだけれど、あれもヨガの呼吸で体をコントロールすると同時に、気持ちをフラットにできたからこそ。怖くなると人は酸素消費量も増えるけれど、彼は精神的にもすごく安定していたんだと思う。

SHIHO：呼吸によって無駄な力が抜けてフラットな状態にあるとき、心身はいちばんリラックスしていますよね。

大友：体を上に伸ばすときには、同時に地面

「深い呼吸でヨガをすると、
直感を上手にキャッチできるようになる」（大友）

先生の協力を得てできた
「LOOSEN YOGA」。
撮影ではポーズを厳しく
見ていただきました。

DVDの収録中も、
もっとよくできるかも?
とポーズの流れを
ふたりでチェック。

大友先生にポイントを
指摘してもらうと、
体がさらに伸びやかに。

に向かっても意識を働かせる。地面を押すから上にも伸びることができるという“陰と陽”のバランスを意識することが、フラットな状態をもたらしてくれます。

SHIHO:わかります! この感覚を意識することが大切だって、あるとき気づきました。心はもちろん体もフラットな状態に持っていくと、バランスが整ってくる。

大友:逆に、心や体がフラットじゃないときには、しがらみをほどいて安定した状態につなげてくれるのがヨガ、そして呼吸。

SHIHO:ヨガをしていると、とにかく発見が多いんです。深い呼吸で頭がクリアになるからだと思うんだけれど、不安に囚われることがなくなるの。代わりに、前向きにいろんなことを感じられるようになる。

大友:自分の中の何かを手放すことができるってみんな言いますね。「こうしなきゃ」がなくなってイライラも減る。そうした精神的な浄化と同時に、体もリセットされるの。何もない状態になれるって本当に気持ちいい。直感をキャッチするのが上手になるというか、直感が入るスペースができるんだと思います。

SHIHO:その直感が「ここに戻ればいい」という場所へ、心も体も導いてくれる。体作りにおいては、まずは“正しい姿勢”に戻すこと。

大友:私の場合、いろんな人種や考え方に囲まれたときに「変わらないものは何?」と探していて、出合ったのがヨガだったの。内なる平和は変わらないんだ、って気づいたんです。

SHIHO:私も変わらない美しさに憧れる。それは、何よりも深い呼吸が手助けしてくれています。

*Profile_* **ASAKO OTOMO**

大友麻子 YOGA STUDIO TOKYO主宰。国内外の指導者よりアイアンガー、アシュタンガなどさまざまなスタイルのヨガを学んだ後、指導の道へ。
http://www.yogastudiotokyo.com/

「ヨガの呼吸でフラットな状態になれたとき
心身はいちばんリラックスしている」(SHIHO)

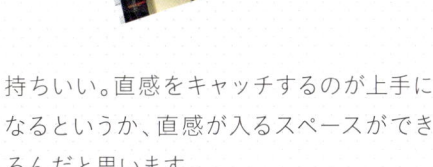

姿勢チェック　特別編１

姿勢を整えたらキレイに“全身やせ”する理由

姿勢を整えることを始めてから、下腹が出なくなり、二の腕の太さが気にならなくなり、お尻が垂れなくなりました。また、いろんな人から「やせた？」とよく言われるようになったり。体重に関係なく、明らかに体のラインが変化しました。

その理由は、骨格が整って肉のつき方が変わったのと、整った骨格をキープするための筋肉を上手に使えるようになり、体が内側から引き締まったから。さらに、無駄な力が入らなくなったことで脂肪（ぜい肉）がつきにくくなったのです。内側にある骨格が整うと、体の外側、つまり見た目が変わるのです。

［図A］

猫背は分厚く見えてしまう

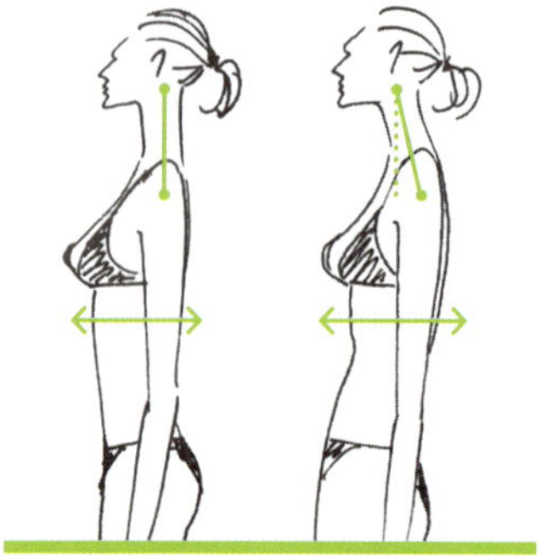

正しい姿勢　　猫背

［図B］

骨盤が傾きすぎると、脂肪は溜まる

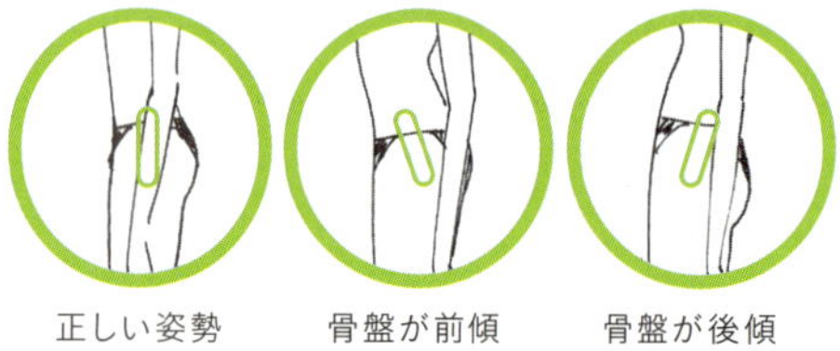

正しい姿勢　　骨盤が前傾　　骨盤が後傾

猫背や骨盤のゆがみが、体を分厚くしてしまう

たとえば、猫背の場合。背中に丸みが出て、体は分厚く見えてしまいます。また、二の腕も内側に回転し、ゆるみやすくなります。姿勢がいいときには、耳の真下に肩があり、首はスッキリ長く、体は薄く見えるようになり、二の腕も少し外側に回転するため、引き締まります。同じ体重であったとしても、見え方の違いが起こるのです（図A）。

お腹のポッコリは骨盤の前傾や後傾といったゆがみが原因ですが、骨盤がまっすぐに立ち上体を乗せることができれば、お腹に脂肪（ぜい肉）が溜まりにくくなります（図B）。

どんなにやせても骨格が整っていなければ、美しいラインを手に入れることは難しい。逆に、姿勢さえ整えば女性らしいメリハリのある、キレイな“全身やせ”が可能なのです。

姿勢チェック 特別編2

骨盤のゆがみからくる
体の不調、知っていますか？

骨盤の位置は、体調のトラブルにも深く関係しています。骨盤の傾きや開きは体のラインを変えるだけでなく、肩こりや腰痛などの痛み、むくみなどの原因にも。ゆがみやクセを治せばラクに“全身やせ”するだけでなく、体の悩みもほぼ改善します。

骨盤の状態によって現れやすい変調はさまざま。以下の項目から、あなたの骨盤のゆがみをチェックしてみください。

思い当たる項目があったら、即行動。骨盤を正しい位置に戻して、今すぐ悩みのないエイジレスボディになって！

骨盤が前傾／閉じ気味

□お腹のポッコリ
□腰痛
□不眠
□イライラ
□便秘
□靴の内側が減る

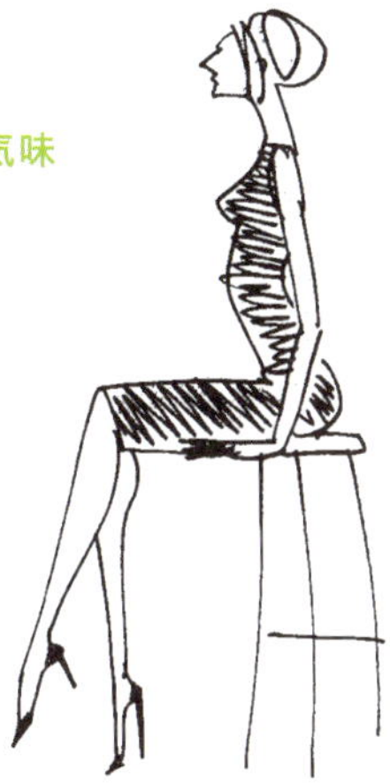

骨盤が左右にゆがむ

□肩こり
□腰痛
□生理痛
□肌荒れ

骨盤が後傾／開き気味

□猫背
□お腹のポッコリ
□垂れ尻
□下半身のむくみ
□便秘、下痢
□冷え性
□O脚、X脚

METHOD 2

FIX

[整える]

“全身やせ”に腹筋運動や筋トレは必要なし！
体の中を意識して、正しい姿勢をとることで、ラインは変わる。
樫木裕実先生とのプライベートレッスンもDVDで楽しんで！

Focus on your inner body
Wake your mascle up

体の中を意識して、姿勢を整える

体がゆるんだら、骨格を正しい位置に整えていきましょう。確実に早く体をキレイにしたいなら、二の腕やお腹まわり、背中などの部分やせを目指して鍛えるよりも、姿勢を整えることです。

私は週に1度、カーヴィーダンスでお馴染みの樫木裕実先生のトレーニングを受けています。毎回、行うのは姿勢チェック、そして体を整えるためのトレーニングです。出産後すぐは筋肉の衰えから体のクセが出て、お腹のポッコリや腰痛に悩まされました。にもかかわらず、なんとたった1回のトレーニングでお腹まわりが変わり、腰痛が治ってしまいました。それは骨盤を正しい位置に戻し、骨盤まわりの筋肉をゆっくり丁寧に動かして鍛えたから。

「FIX EXERCISE」では、肩甲骨や骨盤まわりを動かすことで普段は意識しにくい内側の筋肉を自然に引き締めてくれます。

体の中を整えて奥の筋肉を目覚めさせれば、姿勢が整い、すぐに全身に効いてきます！

“体マニア”である樫木先生のレッスンを受けると、魔法がかかったみたいにボディラインが変わる。それは体が整ってきた証拠。
「FIX EXERCISE」で、みなさんもエイジレスな体作りの秘訣やコツを感じてください。

WARMING-UP SHIHOが産褥体操をアレンジ!

インナー体操

お腹の奥の筋肉を意識してみよう

お腹の奥の筋肉を意識して、体を動かしてみましょう。
エクササイズ初心者や腹筋に自信がない人、
出産直後のママにもオススメです。私は産後3日目から、
産褥体操をアレンジしてインナー体操を始めました。

HOW TO

仰向けになり、全身の力を抜いてからスタート。
すべて5〜10回程度。産後の方は1回から始めてください。

POINT

お腹の奥の筋肉をイメージする

お腹の奥にある筋肉=腸腰筋のイメージを常に持つ。

お腹で引き寄せる

全身の力を抜いてお腹の力だけで"引き寄せる"ように動かす。
お腹の奥の筋肉に集中して、それ以外の部位はできるだけ力を抜いて。

1　ソールアップ

息を吸いながらつま先をしっかりと起こし、息を吐きながらつま先を伸ばす。

2　ヘッドアップ

おへそを見ながらゆっくりと頭を起こす。あごを胸に近づけるように。息を吐きながら頭を起こし、吸いながら戻す。

3　ニーアップ

息を吸いながら片ひざを曲げ、胸に近づける。吐きながら元に戻す。反対側も同様に。
毎日1回ずつ回数アップ。

4　レッグアップ

息を吸いながら、片脚を伸ばしたままゆっくり真上に持ち上げる。息を吐きながら、ゆっくりと戻す。反対側も同様に。慣れてきたら両脚一緒に動かしてみて。

妊娠中は控えてください。
産後は片脚上げのみを1回ずつから。

5　ヒップアップ

両脚を少し開いてひざを立てる。息を吸いながら、お尻の筋肉を締めて上体を持ち上げる。息を吐きながら、ゆっくりと元に戻す。
毎日1回ずつ回数アップ。

この体操は、SHIHOが自身の経験をもとに産褥体操をアレンジしたものです。

楽しくキレイになる

FIX EXERCISE

with 樫木裕実

イメージしながら、楽しく、気持ちよく!

「エクササイズって楽しくて、気持ちいい!」と気づかせてくれ、
体の“正しい使い方”や“正しい方向”を丁寧に教えてくれる樫木裕実先生。
私がいつも受けているレッスンを皆さんも一緒に体験してください。

[始める前に]

・回数を増やすより、じっくり効かせながら行う方が効果的。
・「気持ちいい、効いている」という感覚を大切に行ってください。

[注意点]

・妊娠中や産後間もない方は、医師と相談の上で行ってください。

マーメイド

意識ポイント

☑ ウエスト　☑ 股関節まわり

KASHIKI's advice

ウエストのひねりを感じてね!

SHIHO's advice

肩はリラックスだよ。

肩の力は
抜いて

1

閉じた両脚を左側に倒して、マーメイドのようなスタイルで座る。両手は体の後方、自然な位置で床に。

2

右ひざをゆっくりと旋回して開脚。

3

左ひざもゆっくりと旋回、逆側でマーメイドスタイルに。上体はリラックス。1〜3を数回繰り返す。

カールアップ

意識ポイント

☑ お腹　☑ 背中

KASHIKI's advice

脚の開きは狭くてもOK！

SHIHO's advice

お腹に効いているのを感じて！お腹を伸ばしたときは背中が気持ちよく伸びているのを感じてね。

SITTING | 座り

side

1

両脚を自分の開ける範囲で開き、ひざは軽く曲げて座る。つま先は上げたまま、ひざと同じ方向を向くように。上体は、下腹部から引き上げるイメージで骨盤の真上に乗せる。手のひらを上に向ける。

NG!!　ひざとつま先の方向が合っていない。

side

2

下腹部から順にお腹全体を丸める。その後、ゆっくりとお腹を伸ばして1に戻る。これを数回繰り返す。

ルーパー

意識ポイント

☑ お腹　☑ 内もも　☑ 股関節まわり

KASHIKI's advice

ひざは伸ばしきらなくてOK!

SHIHO's advice

上体を起こすときは、下腹部から背骨をひとつずつ立てるようにゆっくり丁寧に起き上がると背筋がより伸びるよ。

1

カールアップの2のお腹を丸めたままの状態で、ひじを前に出して前屈する。

かかとの位置はなるべく変えずに

2

お腹は丸めたままで、ひざを伸ばす。かかとの位置はなるべく移動させずにゆっくり屈伸させる。ひざは伸ばしきらないように。ももの内側が気持ちよくストレッチされるのを感じて。数回繰り返す。

3

ひざを曲げた状態で、下腹部から順に上体を起こしていく。最後に頭を起こし、カールアップの1のポジションに戻す。

シャベル

意識ポイント

- ☑ 二の腕
- ☑ 肩甲骨まわり
- ☑ お腹

開脚は心地いい角度でOK

手は遠くに伸ばして

1

両脚を開き、ひざは軽く曲げて座る。つま先は上げたまま、ひざと同じ方向を向くように。上体は、下腹部から引き上げるイメージで骨盤の真上に乗せる。肩は下げてリラックス。手のひらを上に向けて、両ひじを曲げて後方に引く。

2

手で砂をすくうような動きで、お腹を丸めながら両手をゆっくりと前方へ。砂をたくさんすくうように、ひざやつま先が前に倒れないように、お腹でコントロールして。

5

1〜4を右斜め、左斜めの方向でもそれぞれ数回繰り返す。反対側のひざとつま先が、内側に倒れないように意識して。

KASHIKI's advice

みんなも「砂をすくってパラパラパラパラ〜」と一緒に口ずさみながら、やってみてね。肩甲骨まわりが気持ちよくなるよ！

SHIHO's advice

いつも下腹部は引き上げたまま、背筋を伸ばして！

ひざと
つま先は
同じ方向に
向けて

肩の力を
抜いて

3

両手を遠くへ伸ばしながら上げ、上体を起こす。肩が上がらないように注意する。

4

肩甲骨を意識しながら、ゆっくりとひじから両手をおろす。肩に余分な力を入れないために、指先を「パラパラパラ」と動かしながら。
1〜4を数回繰り返す。

ツイスト

意識ポイント

- ウエスト
- 骨盤まわり
- 脚のつけ根

KASHIKI's advice

アヒルちゃん体型（反り腰）の人は、上体が反りすぎないように常にお腹に意識を持って。

SHIHO's advice

つけ根を気持ちよくストレッチしてね。

開脚は
心地いい
角度でOK

1

両脚を開き、ひざは軽く曲げて座る。つま先は上げたまま、ひざと同じ方向を向くように。上体は、下腹部から引き上げるイメージで骨盤の真上に乗せる。肩は下げてリラックス。手は斜め後ろに置く。

あごから
つけ根まで
上体はまっすぐ
キープ

2

両ひざを同時に左側に倒す。このとき、上体はまっすぐ、顔は正面を向いたままで。右脚のつけ根を気持ちよく伸ばす。

NG!! 腰が反っている。

3

反対側にも脚を倒し、今度は左脚のつけ根を気持ちよく伸ばす。2、3を数回繰り返す。腰は反らないように意識すること。

骨盤に
まっすぐ上体を
立たせる
ように

4

脚のつけ根から上体を起こし、まっすぐに立たせる。

ツイスト プラス

意識ポイント

☑ お尻　☑ 股関節まわり

KASHIKI's advice

脚のつけ根から上体を倒すことがポイント。お尻全体、骨盤まわりが伸びるよ！

SHIHO's advice

「体の力は抜いて、上体まっすぐ」をキープしたまま前屈してね。

1

ツイスト4のポジションから、上体をまっすぐにしたまま左側に向ける。

脚のつけ根から上体を倒して

2

両手を床につき、脚のつけ根から折るようにして前（左ひざの方向）に倒す。お尻全体と股関節まわりを気持ちよくストレッチ。

腰は反りすぎないように

3

脚のつけ根からゆっくりと上体を起こしたら、1に戻って反対側も同様に。1〜3を左右交互に数回繰り返す。

ヒップ
チェンジ

意識ポイント

☑ ウエスト

KASHIKI's advice

わき腹のお肉をうーんと寄せる感じでやってみてね！

SHIHO's advice

つむじが引っぱられるようなイメージで上体を引き上げると、背筋が伸びて引き締め効果抜群！

1

手を後ろについて、両脚を前に伸ばす。上体はなるべく骨盤の真上に、お腹を立たせるイメージで。左側のお尻に乗り、右わき腹を縮める。

できる人は
床から手を
離して

2

上体はなるべく動かさないようにして、右側のお尻に乗る。1、2を左右交互に数回繰り返す。

上体は
まっすぐを
キープ

3

脚のつけ根から、上体を前方へ倒す。

4

脚のつけ根から、上体をゆっくりと起こす。

ボウダウン

意識ポイント

☑ お腹　☑ 背中　☑ もも裏

KASHIKI's advice

上体を前に倒すとき、背中から先行してしまうと腰を痛める原因にもなるので注意してね！

SHIHO's advice

つけ根から倒しながらお腹を引き上げて。肩の力は抜き、首はうーんと長く伸ばしてね！

STANDING ― 立ち

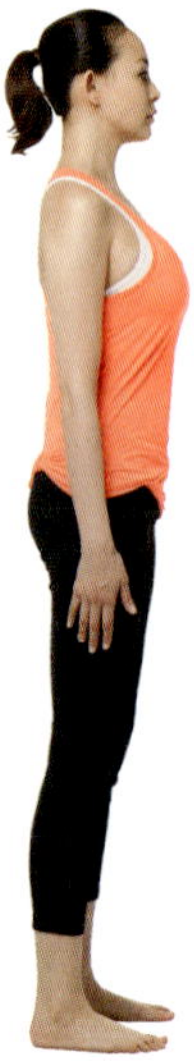

NG!! 反り腰になっている。

NG!! 骨盤に上体が乗っていない。

1

脚を肩幅より少し広めに開いて、足は平行にして立つ。骨盤の上に上体をまっすぐ立たせる。

2

脚のつけ根を意識するために手を添え、そこから上体をまっすぐに保ったまま前に倒す。背中から倒すと腰を痛める危険性があるので、つむじから引っぱられるようなイメージで前に倒す。

上体と
床は
平行に

NG!! つけ根から
倒せていない。

NG!! お腹が抜け、
背中が反っている。

3

背中が床と平行になるところまで上体を倒す。お腹と背中がまっすぐのままをキープし、ももの後ろを伸ばす。

腕は
上体に
沿わせて

NG!! 上体を
倒しすぎている。

4

脚のつけ根に置いていた手を後方へ伸ばし、肩をしっかりおろす。頭のてっぺんからお尻まで一直線に。下腹部を中心に上半身と腕や脚を前後、天地の4方向に引っぱり合うような意識を持ってバランスをとる。

戻ったら
体は
まっすぐ

5

前後、天地にバランスよく引っぱられるイメージを保ちながら、腰は反らないように、常にお腹の意識を持って、脚のつけ根からゆっくりと上体を戻す。1〜5を数回繰り返す。

ダイヴ

意識ポイント

☑ お腹　☑ わき腹　☑ お尻

STANDING ｜ 立ち

1

肩幅よりも少し広めに脚を開いて、足は平行にして立つ。両手は肩に添える。

2

ひじを上げてから手を真上に、丁寧に伸ばす。

3

お腹を丸めながら、前に飛び込む。

7

1〜6を、右斜め、左斜めの方向でもそれぞれ数回繰り返す。

KASHIKI's advice

上体を下げてのエクササイズは頭に血が上りやすくなるので、起き上がるときに注意して行ってね。

SHIHO's advice

起き上がるとき、特にお腹とお尻に意識を持って行うと、まっすぐに立てるのがわかるよ！

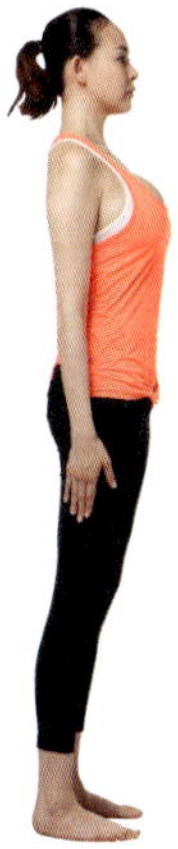

4

肩の力を抜いて、左右交互に揺らしてリラックス。

5

お腹を丸めたまま、下腹部から背骨を下からひとつひとつ丁寧に起こしていく。

6

お腹でコントロールしながら上体を起こして、最後に頭を戻す。

アンロック

意識ポイント

- ☑ もも裏
- ☑ お尻
- ☑ 股関節まわり
- ☑ ひざ

1

肩幅の広さに脚を開いて足は平行にして立つ。

お尻を引き上げて

2

脚のつけ根とひざをゆるめながら、手のひらで脚の前側をなぞって前屈する。できる人は、ももの前側に胸をつけるような意識を持ちながら、お尻は天井に向ける。

お尻の高さはキープ

4

ひざの軽い屈伸を左右交互に数回繰り返す。お尻が天井に向いたままで骨盤ごと交互に脚を動かす。

※足首を持てない場合は、ひざ下あたりでもOK。

お腹で持ち上げる

5

ひざをロックしないように、上体を起こしていく。

※このポーズは頭に血が上りやすくなるので、起き上がるときに注意してください。

KASHIKI's advice

ひざをロックしている人が多いので、ここでは“ゆるめる”ことを覚えてね。

SHIHO's advice

頭はだらーんと。お尻は天井に引き上げるようにして動かすと、腰まわり&もも裏がよりスッキリ!

両手で
ひざを
つかんでも
OK

3

手で足首を持って、ゆっくりとひざを伸ばす(伸ばしきらなくてもいい)。2、3を数回繰り返す。

ゆっくり
丁寧に上体を
起こして

6

下腹部からお腹を丸めながら、背骨を下から順に起こし、上体を戻していく。

7

戻ったとき、上体がまっすぐ立っているように。

ペルヴィック

意識ポイント

- ☑ 下腹
- ☑ 骨盤まわり
- ☑ お尻

KASHIKI's advice

上体が上に引っぱられるように意識したまま、恥骨を押し上げて骨盤まわりに効かせてね。

SHIHO's advice

私が大好きなエクササイズ！骨盤まわりがスッキリするよ。

1

肩幅よりも少し広めに脚を開いて、つま先は少し外側に向けて立つ。下腹部はしっかりと引き上げて。両手は肩に添える。

上体はまっすぐ伸ばして

2

つむじから上に引っぱられている意識を持ちながら、ひざはつま先と同じ方向に向けて腰を落としていく。

NG!! 腰がまっすぐに落とせてない。

肩はリラックス

3

お尻を軽く締めて、恥骨を上げる。

4

ゆっくりとひざを伸ばす。同時に、肩をしっかり下げるイメージで手は下へ。“リズム感”というよりは“流れ”を大切に。1〜4を数回繰り返す。

パペットドール

意識ポイント

- ☑ お腹
- ☑ わき腹
- ☑ お尻

1

足を揃えて立ち、手は下腹部に添える。

2

お腹で脚を引き寄せるイメージで右脚を上げる。太ももが床と水平になる程度まで上げたら、足の力を抜くためにぶらぶらと揺らす。ゆっくりと1に戻ったら左脚も同様に。左右交互に数回繰り返す。

3

足を揃えて立ち、右手を肩に添える。

KASHIKI's advice

脚の力は抜いて、お腹でしっかりコントロールしてね。

SHIHO's advice

脚を上げるとき、曲げたひざが内側に入らないように。足先までまっすぐをキープ！

ひざ、足は
まっすぐを
キープ

お腹は
引き上げた
まま

4

お腹で脚を引き寄せるように左脚を上げる。このとき、左腕と引っぱり合うようなイメージで右腕を上げ、右わき腹も伸ばす。

5

ゆっくりと脚を戻す。このとき、少し前方でつま先を床に軽くタッチして、再び脚を上げる。

6

4、5を3回繰り返してから脚を戻す。続けて、手もおろす。3〜5を反対側も同様に。

樫木裕実先生
×
SHIHO

“キレイな体”とは？答えは意外と近くにあった！

私が最も尊敬するトレーナー、樫木先生。
ゆがみがあると鋭い指摘が。
原因や対策の説明にも熱心です。

SHIHO：私と樫木先生が思う“キレイな体”って一緒ですよね？

樫木裕実先生（以下、樫木）：体を整えることで実現すると思っているよ。SHIHOに初めて会ったとき驚いたのが、「私は、やせるよりメリハリが欲しい」って言っていたこと。意思を持ってプロポーション作りをしている人だと嬉しく思ったよ。

SHIHO：それを体現しているのが樫木先生ですよね。細いけれどメリハリがある。

樫木：“キレイな体”作りの答えって、みんなが考えているよりずっと身近にあるのよ。なのに遠回りして、いろんなところを酷使して、大切なことに気づいていない人が多いと思うの。

SHIHO：何が大切かと言うと？

樫木：お腹と背中を同じ配分にして、骨盤に上体を乗せられるか。そして、必要なところ以外の力が抜けるか。SHIHOも私のレッスンで感じてくれていると思うけれど、力を抜くってすごく難しいじゃない？ みんなは力を入れるのが難しいと考えがちだけれど、要らぬところの力が抜けて、要るところに力が入るような体作りが肝心。

SHIHO：私、樫木先生のところに来たとき、最初に注意されたもの。「SHIHOちゃん、肩や腰に力が入りすぎているよ」って。

樫木：必要なところだけに力が入るとパワーが出るのよ。あと、下腹部の意識ができてない人もすごく多いと思うの。

SHIHO：私の大好きな腸腰筋。お腹の奥の筋肉を意識しながら、けれどお腹以外の力は抜いて。引き上げる力と引き下げる力のバランスが整っているのがいいのよね。

樫木：そして、ストレッチにしてもお腹をしっかり意識することが大切なの。たかがストレッチと思うかもしれないけれど、ひとつひとつの動きには意味があるから、丁寧にやれば体に効いてくる。そういうエクササイズです。

「体が正しく使えているときって、絶対に『気持ちいい！』はずなの」（樫木）

スチール撮影の合間を縫うようにしておしゃべり。
相談したい内容は尽きず。

樫木先生との
レッスンは、深夜に及ぶ
DVD収録中でもすごく
楽しい！ 疲れるどころか
元気になります。

SHIHO：先生はいつも「イメージすることが大切」って言うじゃないですか。ただ動かしてもダメだよって。

樫木：SHIHOはいつもひとつひとつ感じながら、イメージしながらトレーニングしてるのがわかるよ。

SHIHO：教え方が上手いんじゃない？（笑）

樫木：体が正しく使えているときって、絶対に気持ちよくないと本当じゃないと思うの。SHIHOは必ず「気持ちいい！」って言うのね。疲労感だけが残るっていうのは違う。「動いた！ 伸びた！ 気持ちいい！」って体が感じられなきゃ。

SHIHO：いかに力を抜いたり、入れたりできるかですよね。

樫木：今の私は、自分であえてエクササイズすることはないんです。普段の生活で体が覚えているから。人にやってもらうストレッチや矯正もありかもしれないけれど、自分の体を自分で動かしながら骨盤まわりを整えていくってとっても大切。それで自分の体を知って、その繰り返しで覚えていく。みんなクセもあるし、生活習慣も違う。だからこそ自分と向き合って、こんな簡単なエクササイズ？というのを無理なく積み重ねていってほしいんです。

SHIHO：ハードな運動をしなくても、日常生活でラクに自分の体に覚え込ませられたらいいなって。

樫木：自然に保てるようになれば、それが究極だよ。意識しなくても自分の体が知っていて、整えてくれる状態ね。

SHIHO：日々、少しずつ意識することを続けます！

*Profile*_**HIROMI KASHIKI**

樫木裕実　ボディメイクトレーナー。ダンスやフィットネス全般から樫木式メソッドを考案。モデルやタレント、トップアスリートのトレーニング指導などで大活躍。
http://s.ameblo.jp/studio515/

**「日常生活で自然に体を整えられるように。
これが目標！」（SHIHO）**

姿勢チェック 特別編 3

「正しい姿勢」を知ろう

この本で頻繁に登場する「正しい姿勢」や「骨盤に上体を乗せる」とは、一体どのような状態でしょう。言葉で説明するなら、「背骨が自然なS字カーブを描き、骨盤がまっすぐに立っている状態」のことです（下図A）。多くの人が、骨盤が前傾気味だったり（同B）、後傾気味だったり（同C）します。

あなたの姿勢はどのタイプですか？ 下表の項目を今すぐチェックしてみましょう！

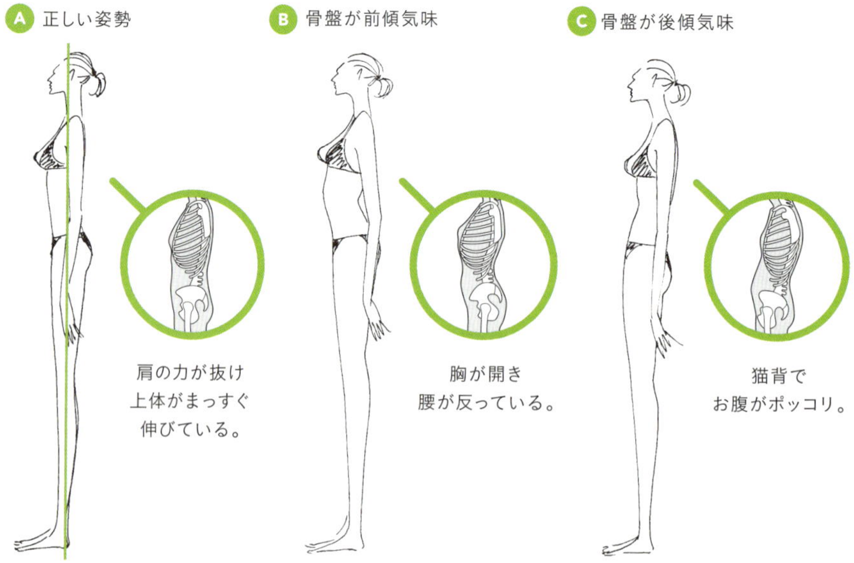
A 正しい姿勢
B 骨盤が前傾気味
C 骨盤が後傾気味
肩の力が抜け
上体がまっすぐ
伸びている。
胸が開き
腰が反っている。
猫背で
お腹がポッコリ。

	A 正しい姿勢	B 骨盤が前傾気味	C 骨盤が後傾気味
仰向けに寝て チェック！	・あごがまっすぐ ・腰が少し浮く ・脚がまっすぐ	・あごが下がる ・腰が浮く ・足が内側に向く	・あごが上がる ・両肩が床につかない ・ひざが上がる
横向きに立って チェック！	耳、肩、ひじ、ひざ、 くるぶしが一直線上にある	一直線上にならない	一直線上にならない

“基本姿勢”を心がけて「正しい姿勢」に！

私の姿勢はどちらかというとBタイプ。骨盤が前傾して腰が反り気味で、樫木裕実先生には「アヒルちゃん体型」と呼ばれています。産後、腰痛に悩まされたのは、これが原因。姿勢を正そうと、肩を後ろに引きすぎたりお尻を突き出してしまう人はBタイプになりやすいので要注意です。また、日本人に多いのがCタイプ。猫背やO脚、下腹がポッコリと出た人に多いパターンです。

対するAタイプは、体に負担がかからないので疲れにくく、ぜい肉もつきにくい。エクササイズを続けていると、この特徴を実感できてきます。「ゆるめて、整えて、インプット」しながら、Aタイプの姿勢を目指してください。

私はエクササイズ以外でも、毎日のふとした瞬間に姿勢を意識する習慣をつけています。そのコツは、「INPUT STRETCH」（p74）に出てくる“基本姿勢”（肩を下げて、お腹を引き上げる）。基本姿勢を意識して姿勢を整える習慣をつけると、より早くAタイプに近づくことができます。

いつでもどこでも
基本姿勢を意識しよう

朝起きて夜寝るまで、基本姿勢はいつ意識しても構いません。意識すればするほど、“全身やせ”につながっていきます。

カーテンを開けるとき、歯を磨くとき、スーパーでカートを押すとき、トイレやお風呂に入ったとき、電車に乗ったとき、オフィスにいるとき、PCに向かうとき、食事のテーブルについたとき、ベッドに入ったときなど、いつでもどこでも。私は、気がついたときに基本姿勢を心がけるようにしています。小さな習慣の積み重ねが正しい姿勢を作り、“全身やせ”を実感できるようになってきます。目指すは、無意識に基本姿勢でいられるようになることです。

METHOD 3

INPUT

[インプットする]

ゆるめて整えた体を、
自分のものにする大切なステップ。
ヨガとストレッチを融合させた、
SHIHOのオリジナルメソッドです。

Practice and memorize until you feel good

基本姿勢を意識して、体の中に覚え込ませる！

体をゆるめて骨格を整えたら、その姿勢を体に覚え込ませます。日常生活で姿勢を正す習慣を身につけられれば、特別なトレーニングは必要なし。体重を減らそうとダイエットしたり、部分やせに躍起にならなくても自然と“全身やせ”してきます。

私が日常生活でもエクササイズでも気をつけているのは、「肩を下げて、お腹を引き上げる」という“基本姿勢”です。これを意識するかしないかで、効果は全然違ってきます。産後、すぐに体型を戻すことができたのも、この基本姿勢を意識していたおかげ。体っておもしろくて、動かして覚えたことしか身につかない。いくら理論を理解しても、実践しなきゃ何も変わらないのです。その代わり、実践したご褒美として、一度覚えたいい感覚はずっと体に残ってくれる。この感覚は一生モノです。

「INPUT STRETCH」は、“心と体をつなげるヨガ”、“筋肉を柔軟にし、骨格を整えるストレッチ”を融合させたオリジナルメソッド。基本姿勢を意識して、体の中にインプットできれば、全身やせを実感できます。

大好きなヨガと、体の中を丁寧に意識できるストレッチ。ふたつのいいところを合わせられたらと、
考案したのが「INPUT STRECH」。面倒くさがり屋で飽き性な私が、楽しく続けられているオススメのメソッドです。

WARMING-UP

太陽礼拝

基本姿勢を意識しよう

私が毎朝かかさず行っている「太陽礼拝」。
肩を下げてお腹を引き上げる“基本姿勢”を大切に、何セットでも。
呼吸に合わせて繰り返すだけで、どんどん体が整ってくる。
全身の筋肉に働きかけて血行を促進、体の中が目覚めます。

HOW TO

基本姿勢を常にキープしながら、全身をストレッチしていきます。
体の動きに合わせて、均等呼吸（p24）をしながら行いましょう。
ヨガマットを使用すると滑りにくく、安全です。

POINT

基本姿勢を保つ

肩を下げて（耳から肩を遠ざける）、
お腹を引き上げる（骨盤にまっすぐ上体を乗せキープする）。
どんなポーズをしても、基本姿勢を忘れずに。

呼吸を止めない

頑張ると息が止まってしまうので、深い均等呼吸を忘れずに。

目は閉じない

ポーズを決めたら、目線は鼻の先を見つめ、一点に定める。
閉じると眠くなり、意識が別のところへ。
開くと自分の体に集中できます。

1

足の裏全体を床につけて立つ。骨盤に上体をまっすぐ乗せて、お腹を引き上げる。肩の力は抜く。

5

右脚、左脚の順で脚を後ろへ引きつま先を床に。全身を一直線にしてひじを曲げ、ゆっくり上体を床に。つま先を伸ばして、足の甲も床につける。

8

息を吸いながら、両脚を両手の間に戻し、背筋を伸ばして顔を少し上げる。

2

息を吸いながら、両手を真上へ伸ばす。目線は天井へ。

3

ひざを
曲げても
OK

息を吐きながら、腕をおろして前屈。お尻からかかとまでが垂直に伸びるように。

4

息を吸いながら顔を上げて背筋を伸ばす。両手は指を広げて床へ。

6

ひじを床に
つけたままでも
OK

両手を胸の横につき、息を吸いながら上体を起こす。首を伸ばし肩の力は抜いて、目線は上方へ。腰に痛みがある人は、ひじをついて上体を伸ばして。

7

ひざを
曲げても
OK

四つん這いからお尻を引き上げ、かかとを床につけてドッグ・ポーズ。両手、両脚は肩幅程度に開く。背中、両脚は伸ばして。おへそを覗き込んで深く3呼吸。

9

息を吐きながら前屈。お尻を引き上げてお腹と太ももを近づける。首に力が入らないように。

10

息を吸いながら、ゆっくりと体を起こして両手を真上へ伸ばす。目線は天井へ。

1に戻る。

1〜10を好きなだけ繰り返す。

妊娠中、産後半年以内の方は控えて下さい。産後半年以降で始める場合も、必ず医師と相談の上で行ってください。

イメージしてキレイになる

INPUT STRETCH

基本姿勢を、体に覚え込ませる

基本姿勢をキープしながら、呼吸に合わせてストレッチを行います。
STANDING 立ち／KNEELING ひざ立ち／SITTING 座り／LYING 横たわり
と4つのポジションで体の中の筋肉に働きかけます。
繰り返すことで骨盤の正しい位置や方向をインプット。
日常生活でも無意識に基本姿勢をキープできたら“全身やせ”の始まりです。

[始める前に]

- 肩を下げて、お腹を引き上げる基本姿勢(p70、p72)を意識しましょう。
- 均等呼吸で行いましょう。
- ヨガマットを使用しましょう。

[注意点]

- 妊娠中、産後半年以内の方は控えてください。産後半年以降で始める場合も、医師と相談の上で行ってください。

トライアングル

STANDING

立ち

下半身をしっかりと働かせると
ヒップアップに効果的。脂肪燃焼も！

両手は
足首やひざを
つかんでもOK
意識する方向
↓……肩を下げる
↑……お腹を引き上げる

1

両脚を大きく左右に広げて立つ。つま先はやや内側に向けて、足の裏全体をしっかりと床につける。息を吐きながら、上体をゆっくりと前に倒す。両足の土ふまずの間、一直線状に手を置く。お腹とお尻を引き上げ、首は伸ばすように。

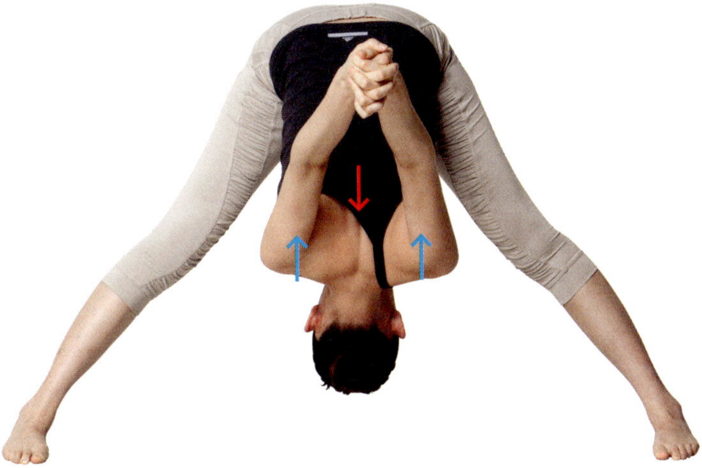

2

もも裏が伸びているのを感じながら、両手を腰の上で組む。遠くに引っぱりながら腕を伸ばす。息を吸いながら上体を起こし、呼吸を整える。

ヒーロー

1

右つま先を外側へ、左つま先をやや内側へ向ける。大きく息を吸いながら、両手を広げる。

2

右ひざを曲げながら、腰を落とす。左脚はまっすぐ伸ばす。上体は正面のまま、目線は右手の先へ。首や肩は力を抜いて、お腹はしっかりと引き上げる。呼吸を繰り返した後、1のポジションに戻り、反対側も同様に。

キック

お腹に
手を添えて
脚を
引き上げて

脚の高さは
低くても
OK

1

足の裏全体を床につけて立つ。骨盤に上体をまっすぐ乗せて、お腹の奥の筋肉を意識しながら、ゆっくりと太ももを引き上げる。

2

息を吐きながらひざをまっすぐ前に伸ばす。目線は前方へ。呼吸を繰り返した後、ゆっくり脚をおろす。左側も同様に。お腹を引き上げ、肩の力は抜くことを忘れずに。

マウンテン

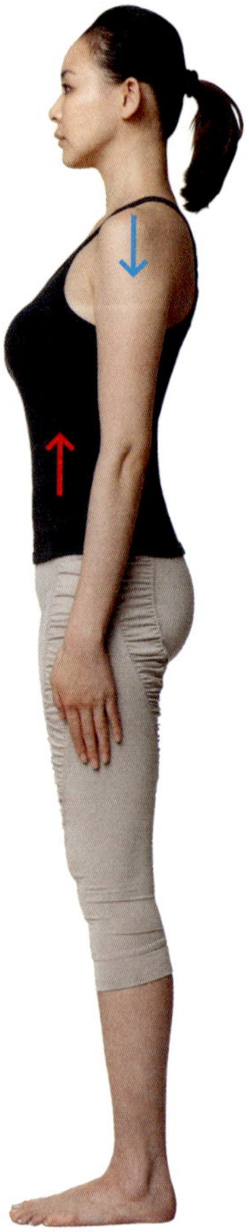

1

足の裏全体を床につけて立つ。骨盤に上体をまっすぐ乗せて、お腹を引き上げる。肩の力は抜く。息を大きく吸いながら、両手を真上へ伸ばす。目線は天井へ。

2

ゆっくりと息を吐きながら、手をおろす。

サーカス

KNEELING

ひざ立ち

体のゆがみと肩こりを改善
デコルテもキレイに！

意識する方向
↓……肩を下げる
↑……お腹を引き上げる
脚のつけ根をストレッチ

1

正座から四つん這いになり、両手を少し前へ。右手の横に右脚を引き寄せ、お腹を床に近づける。首を伸ばして肩の力を抜き、お腹を引き上げながら股関節まわりをストレッチ。目線は鼻先へ。頭の先からつま先まで空気が流れるのをイメージしながら、深い呼吸を繰り返す。

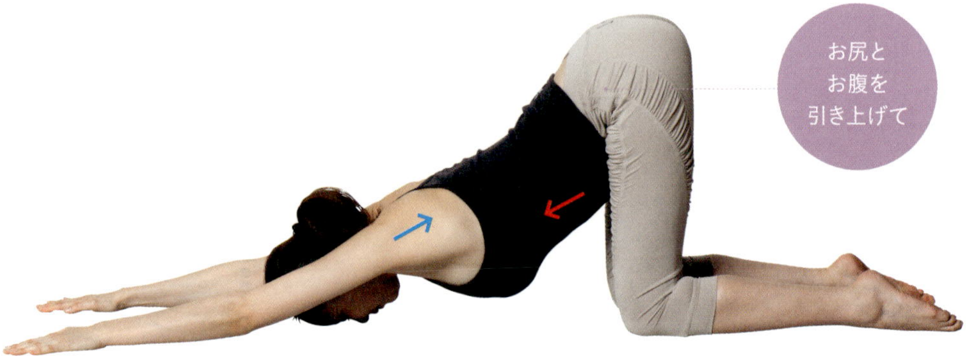
お尻とお腹を引き上げて

2

右脚を戻してから、両手を遠くにまっすぐ伸ばして額を床につける。お尻を引き上げて肩まわりをストレッチ。体を少し揺らしてほぐす。お腹を引き上げながら、深い呼吸でリラックス。四つん這いに戻って、反対側も1、2を同様に。

背中全体を
天井に
引き上げて

3

四つん這いで、お腹を引き上げながら背中を天井方向へ。背中全体をストレッチしながら丸める。首の力は抜いて、目線はおへそへ。深い呼吸を繰り返す。

胸、お腹を
天井に
引き上げて

4

正座して両手は後ろへ、指先をお尻に向けて床につける。手で床を押しながら、ゆっくりとお尻を持ち上げ、首の力を抜いて目線は後方へ。腕をまっすぐに伸ばし、上体が弧を描くように胸全体、お腹を天井方向へ引き上げる。前ももも伸ばして、深い呼吸を繰り返す。

ミモザ

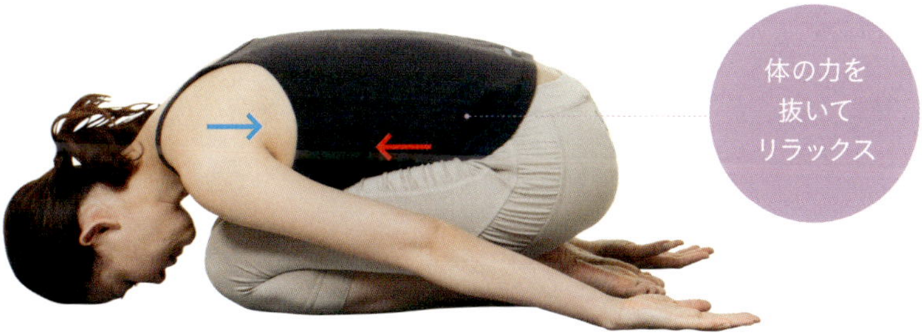
体の力を
抜いて
リラックス

1

正座に戻り、背筋を伸ばして上体を股関節からゆっくり前に倒す。額と手の甲を床につける。全身の力を抜いて、深い呼吸を繰り返す。

上体は
骨盤の上に
まっすぐ
立てて

2

尾てい骨から背骨をひとつずつ起こすようにして、ゆっくりと正座に戻る。

ボート part 1

SITTING

— 座り —

股関節に働きかけて
むくみを改善。脚もスッキリ！

意識する方向
↓ ……肩を下げる
↑ ……お腹を引き上げる
足の指先を遠くに伸ばして

1

両脚を揃え、前に伸ばして座る。骨盤に上体をまっすぐ乗せてお腹を引き上げ、肩の力は抜く。つま先を伸ばして、深い呼吸を繰り返す。

かかとを押し出すように

2

上体をまっすぐキープしたまま、ひざの裏を床に押しつけるように両脚をまっすぐ伸ばし、つま先を真上に立てる。ゆっくりと呼吸を繰り返す。

背中は
まっすぐを
キープ

3

座骨をしっかりと床につけ、上体とつま先はまっすぐ立たせたまま、両手を大きく広げて腕を伸ばし頭上へ。肩をできるだけ下げて背筋を伸ばし、ゆっくり呼吸を繰り返す。

両手は
ひざや足首でも
OK

4

息を吐きながら、お腹を引き上げてゆっくりと前屈。深く前屈するよりは、背筋を伸ばして上体をまっすぐキープしながら前に倒す。両足の指先は上へ向けて、両脚はひざ裏を床につけるように伸ばす。肩、背中をリラックスさせながら深い呼吸を繰り返す。

ボート part 2

1

左脚はまっすぐ伸ばし、つま先は真上へ。右ひざを曲げて胸に引き寄せて、体の少し外側で右足先をまっすぐ前に向けて置く。両脚の間に上体を傾け、右ひじを曲げた右脚の前から外側へ、右足の横に右手を置く。左手は左脚の外側につける。両手で床を押しながら、上体をまっすぐにして前屈。深い呼吸を繰り返す。

2

ゆっくりと上体を起こし、右脚を両手で抱える。赤ちゃんを抱っこするようにして、左右に揺らす。座骨を床につけ、骨盤に上体をまっすぐに乗せて。背筋を伸ばして肩の力を抜く。目線は前へ、深い呼吸を繰り返してリラックス。

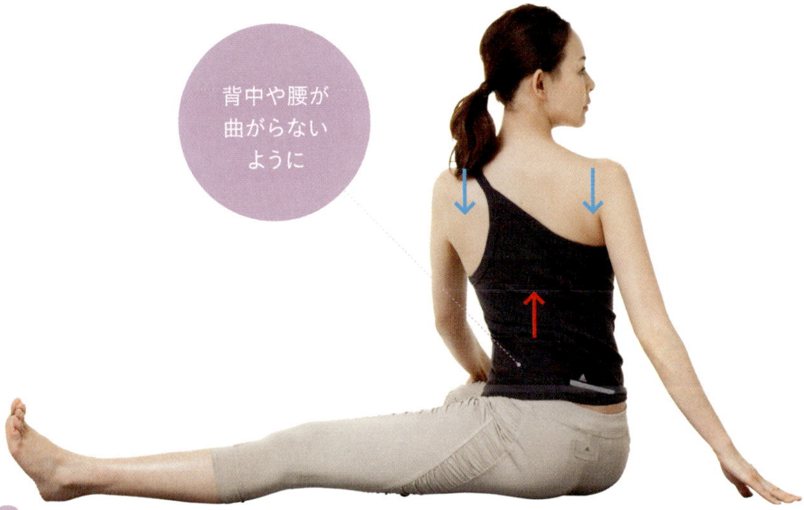

3

右足裏を左内ももにつけ、背筋を伸ばす。左手を右ひざへ、右手を後ろの床に置いて、ゆっくりと上体をねじる。呼吸を繰り返したら、ゆっくりと上体を戻し、曲げていた脚を伸ばす。

4

1〜3を反対側も同様に。

ロータス

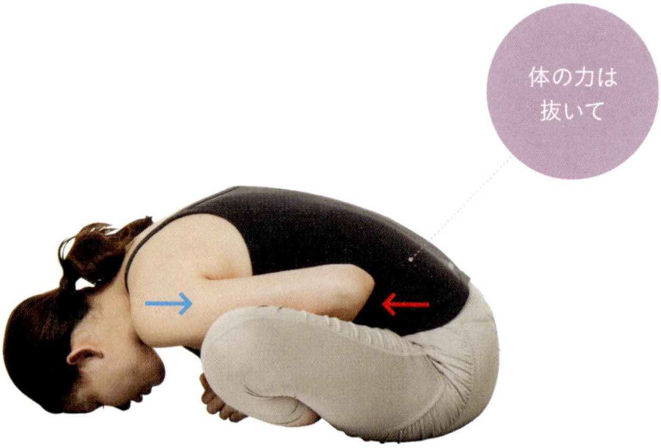
体の力は
抜いて

1

両足裏を合わせて座る。お腹を引き上げ、上体をまっすぐにキープしながら、ゆっくりと前屈。つむじを前に引っぱられるようなイメージで、呼吸を繰り返す。

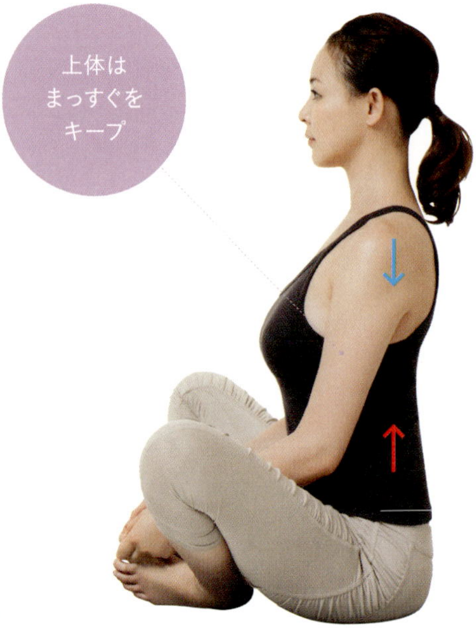
上体は
まっすぐを
キープ

2

尾てい骨から背骨をひとつずつ起こすようにして、ゆっくりと丁寧に上体を戻す。

スケアクロウ

意識する方向

↓ ……肩を下げる
↑ ……お腹を引き上げる

両肩は浮かないように

1

仰向けに寝る。お腹の奥の筋肉を意識しながら、右ひざを曲げて脚を引き上げる。左手で右ひざをサポートしながら左側の床に倒し、顔は右側を向く。右手はまっすぐ床に伸ばし、肩より少し上の位置に置いて呼吸を繰り返す。

腰を床に押しつけて

2

右脚のかかとを胸に引き寄せて、両手で右脚を抱える。頭を引き上げて肩の力を抜き、首の後ろ、股関節まわりをストレッチ。その後、息を吐きながら右脚を伸ばす。左側も同様に、1、2を行う。

優しく全身をマッサージして
肩こりを改善。疲労も回復！

プラウ

お尻を
天井に
引き上げて

1

お腹の奥の筋肉を使って、両ひざを曲げて胸に引き寄せる。両手は体の横にまっすぐに伸ばす。両手で床を押しながらお尻を引き上げ、両ひざを額の上に引き寄せる。上体をまっすぐに伸ばして目線はおへそに。首を長く伸ばし、肩は内側に入れ込むように。深い呼吸を繰り返す。

首を
まっすぐに
キープ

2

お尻を引き上げたまま、両ひざを伸ばして、つま先（足の甲側）を床につける。腕を伸ばし、両手を組む。上体はまっすぐをキープしたまま、深い呼吸を繰り返す。両手を離して床に置き、背骨をひとつずつゆっくり床につけるようにして戻す。

ベビー

腰を床に
押しつけて

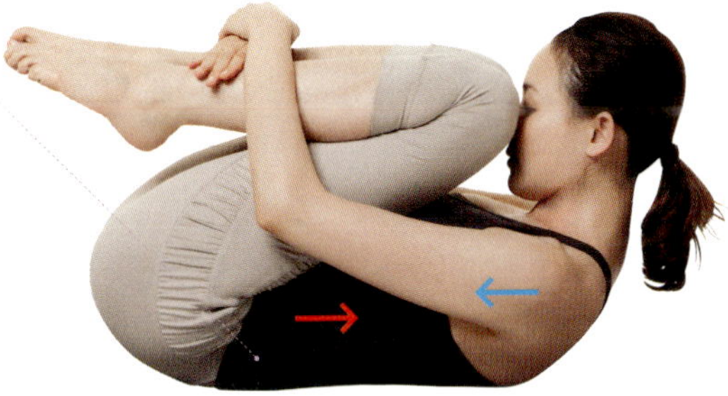

1

頭と脚を引き上げ、両手で両脚を抱えて左右にスイングする。呼吸を繰り返し、背中まわりと腰まわりをストレッチする。

お腹を
引き上げた
ままで

2

頭をゆっくりと床におろしてから、両手、両脚をゆっくりと伸ばして床へ。全身の力を抜いて、深い呼吸を繰り返す。

IN ADDITION TO THE EXERCISE……

My dietary habit, my favorite gym clothes, my postpartum follow-up, and so on.
Here are full of useful tips for our beautiful slim body !

SHIHO' S STYLE

エクササイズ以外の秘訣も知りたい！

美しいボディ作り Q&A

ダイエットしてる？ 何を食べていいの？
お気に入りのウエアは？ 妊娠中や出産後はどうすればいい？
美しくやせるためのコツ、まだまだ聞きたい！
SHIHOが日々「これだ！」と実感している秘訣の数々、
たっぷりお教えします。

Q 食生活で心がけていることは？やっぱりダイエットは必要？

A 大切なのは循環させること。体が巡れば、ダイエットは不要です。

食事は我慢するよりも、必要なものをたっぷり摂って不要なものをきっちり出すことです。“食べない”のではなく“溜めない”ことを何よりも気をつけています。大切なのは循環させること。体の中がきちんと巡っていれば、ダイエットは不要です。

体の中を潤わせ、巡る体作りに欠かせないものといえば、お水！　そして、朝食には新鮮なフルーツと生野菜が私のお決まりメニューです。ローフードは「酵素食」として健康にも美容にも抜群に効果があります。あとは、体が欲する声にはいつも耳を傾けて、満たしてあげるように。なぜなら「体が欲するもの＝必要なもの」だと思うから。そこを我慢していては、体の中からキレイになれない気がします。ただ注意すべきなのは、何でも食べすぎないこと。食べすぎは太る原因になるので要注意です。

LET'S TAKE THEM！

たっぷりのお水をおいしく、無理せずに飲むためのコツ

体の循環を考えて、水分補給は何よりも大切にしています。起床時、撮影中、運動中、入浴前、寝る前など、必ず飲むように。体を冷やさないように、なるべく常温でいただきます。

そのまま飲むのはもちろん、市販のコーディアルを加えてアレンジしたり。ハーブティで飲むなどして味や香りに変化をつけて楽しんでいます。シロップやハーブもまた、体にいい働きをするものを選んで。こうした1杯は、リフレッシュやリラックスといった気分転換にもいいのでオススメです。

ジュースよりもコーディアル派

冷蔵庫にはハーブやジンジャー、ハチミツにフルーツ酢など、体にいい成分を含むコーディアルをいろいろ常備。気分や体調に合わせて選んでいます。

お水は、便利なウォーターサーバーで

新鮮なミネラルウォーターがすぐに飲めるサーバーが大活躍。腸を冷やしすぎないように冷水と温水を混ぜて、いつも常温で飲んでいます。

SHIHO'S STYLE [食生活編 1]

コーヒーよりもハーブティ好き

ティータイムには、白茶やミックスハーブティがお気に入り。甘い香りでリラックスできます。食事には、産後の体にもいい「ごぼう＆ドライトマト」のお茶を。

お気に入りのカップやマグで気分転換。

カップ＆ソーサーやマグカップ選びもティータイムの楽しみのひとつ。お茶の種類や気分に合わせて使い分けています。これは、夫がプレゼントしてくれたもの。

※ 各アイテムの問い合わせ先は、p108を参照してください。

Q やせるために心がけていることは他にもあるの？

A

大切なのは循環させること。

食でも、それ以外でも「出す」を心がけて！

とにかく便秘をしないことです。「出す」ためには、デトックス効果や抗酸化作用のある食材、食物繊維やミネラルが豊富なものを食べるようにしています。これらをたっぷりと摂り、規則正しい生活と深い呼吸を心がけていれば、まず便秘になりません。他にも代謝を上げることや、ストレスを溜めないことなど。私の場合、ストレスが過食の原因になることがあるので、すぐに発散するように気をつけています。心と体はつながっているので、心身ともに不要なものはきっちりと出すように。「出す」手助けしてくれるのは、何よりも深い呼吸です。息を吐くことで体の中は浄化されます。「摂る」→「巡らせる」→「出す」の大切さは、ヨガの呼吸に教えられました。息を吸って体内に巡らせて、吐く。この繰り返しが循環する体を作ってくれます。体の巡りをよくして、溜めない体になる。食事制限するよりも、食べてもいいから「出す」こと。そこに注目するだけで、太りにくい体が作られます！

LET'S TAKE THEM！

朝食べるものは簡単で体が巡るもの！

1日の始まり、朝いちばんに食べるものには特に気を配っています。私のお決まりメニューはグリーンスムージー。旬の野菜や果物の栄養を丸ごと食べられるうえに、驚くほどたっぷりの量をラクに摂ることができて本当にオススメ。すごく簡単でおいしいから、ほぼ毎日飲んでいます。便秘解消や美肌の効果も。最近は自分でアレンジしながら作りますが、初めての方は『グリーンスムージーダイエット』（仲里園子・山口蝶子著）を参考にぜひトライしてみてくださいね。

タネまで丸ごと食べられる！ 愛用ミキサー

すごく重宝しているVitamixのミキサー。ほんの数十秒で野菜や果物の皮やタネまでも粉砕できるから、栄養素が丸ごと摂れる。朝一に飲むと便秘も解消。

2分でできる簡単&本格スープ

きんぴらごぼうと豆乳、オリーブオイルをミキサーにかけて、最後に黒ごまを。短時間で食物繊維たっぷりのひと皿。煮物の残りはよくスープにします。

SHIHO'S STYLE ［食生活編❷］

小腹が空いたときのおやつ代わりに

酵素やミネラルを補給できる食品を“おやつ代わり”に。基本的には食事で栄養を摂りたい主義ですが、手軽にいただけるので美肌キープのサポートにも。

お肉よりも大豆！

食物繊維やミネラルが豊富な豆類。特に大豆はタンパク質源としても大活躍。水煮を小分けにして冷蔵保存、サラダやスープなどにしてよく食べています。

Q スポーツウエアの着こなし方を教えて！

A

ウエアで“やる気スイッチ”ON！

気持ちが上がるコーディネートでとにかく楽しむ！

ショートパンツ＋レギンス＋ヴィヴィッドカラーがお気に入り！

ショートパンツ×レギンスのスタイルが定番です。このバリエーションはとにかく豊富に揃えています。ポイントはヴィヴィッドカラーを入れること。まずはどの色にするかを決めて、そこからコーディネート。あれこれ並べていたら、動きたくなってきました！

お気に入りは「adidas by Stella McCartney」。デザイン、機能性、着心地、おしゃれさ、どれをとってもマイベストウエア！ また、スポーツウエアだからこそのヴィヴィッドなカラーも楽しみたい。普段じゃここまで派手な色は着ないけれど、フィットネスだからこそ着こなせる。ウエアに着替えると、「さあ、始めよう！」という気持ちがムクムクと湧いてきます。私にとってズバリ“やる気スイッチ”。ウエアで気持ちが切り替わります。

気をつけているのは、できるだけ体にフィットするデザインを選ぶこと。姿勢や体のラインがきちんと見えると、体に意識を向けるきっかけになります。また、人に見られることで気合いも入るから一石二鳥！

スポーツの種類に合わせて専用のウエアを選ぶことも大切。それぞれの動きやシーンに適したパターンや素材だから動きやすく、ラクに楽しく集中できます。

SHIHO'S STYLE ［ウエア編］

YOGA STYLE of the day

GYM STYLE of the day

更衣室不要!? ラクちんSHIHO流コーディネート

レッスンに行くときは、いつも更衣室不要の“直行”コーディネートがお決まりスタイル。
ウエアにプルオーバーやパーカを羽織って、サングラスやストール、ニット帽を被るだけ。
アウターを脱げばそのまますぐに動けるという、ラクちんなのがSHIHO流です。

Q

忙しくてエクササイズする 時間が無い！ どうすればいい？

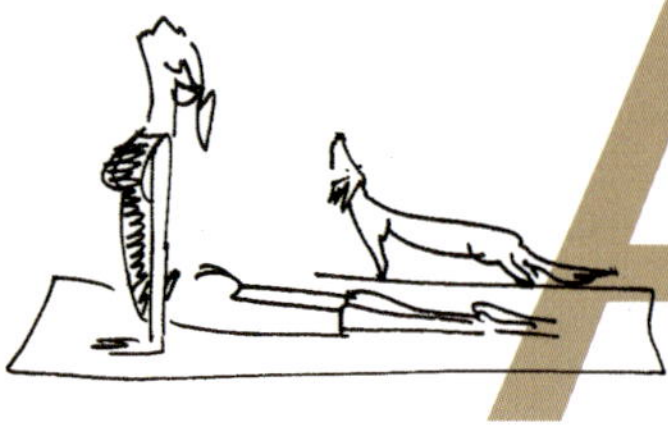

A

自宅での体作りをサポート。

愛用グッズを ご紹介します！

　体作りのモットーは、「ラクして、簡単にキレイになる！」。私も毎日エクササイズをするのは大変だから、1時間かけてきちんと行うのは週1回だけ。あとは1～20分程度の簡単なもの、「呼吸法」（p24）や「太陽礼拝」（p72）などを日々の体調に合わせて続けています。大切なのは、日常の中で体のことを考えたり意識する時間を、少しでもいいから作ることです。最近は、仕事や家事に育児が加わって忙しくなり、少しの空き時間でもできるものを選ぶようになりました。

「キレイになる」ためにできることはたくさんあるはず。体をほぐしたり、気持ちを引き締めたり、テンションを上げてくれたり……と、サポートしてくれる愛用グッズを私もいろいろ活用しています。ぜひ、参考にしてみてください！

鏡での全身チェックは毎日欠かせません

自宅には大きい鏡が6つ！ 各部屋に置いて気がつけば姿勢チェック。着替えるときとお風呂に入るときの全裸でのボディチェックも、毎日欠かしません。

最も効率よく脂肪燃焼するための便利グッズ

脂肪燃焼に最適な心拍数がわかり、成果や目標、トレーニングプラン、プロのアドバイスなどをいろいろコーチングしてくれる「adidas miCoach 心拍数モニター」。

自分の体と心に向き合えるヨガマット

毎日の体と心のコンディションを確認する場所。朝起きてまず敷いて“太陽礼拝”をするのが日課です。旅行にも必ず持っていく、なくてはならない大切なもの。

“緊急お助けマン”で骨格リセット

上に寝転ぶだけで、「ストレッチポール」が肩や背中をマッサージ。胸のつまりもとれて、肩甲骨&骨盤のリセットにも。あっという間にスッキリします。

SHIHO'S STYLE

[お役立ちグッズ編]

着るだけで美ボディになれる

やせて見えるだけでなく、姿勢を正しい方向に導いてくれるインナー「トリンプ シェイプセンセーション」。メリハリあるボディラインになり、つけ心地もラク!

乗るだけで全身がスッキリ

扁平足で足首がむくみやすいのが私の弱点。骨盤のゆがみ防止のためにも、毎日「ストレッチングボード」に乗ってストレッチ。たった1分でも効果は抜群。

Q 出産後、どうやって体型を戻したの？

A

デリケートな時期は無理せずに。

産後は焦らず、お腹の奥を意識することから。

出産を経て、赤ちゃんのためにも健康であることが本当に大切なんだと実感しました。一方で、骨盤はゆるみきって、筋力も落ちてしまった産後の状態は、正直ショックでした。けれど、一から体を作り直すには絶好のチャンス。体のキレイは骨盤の位置で決まるから、ここを整えて妊娠前よりもキレイな体を作るんだ！と心に決めていました。もちろん無理は禁物です。産後1ヶ月半から樫木裕実先生の指導のもとトレーニングを再開しましたが、最初のうちは少し動いただけでクラクラしたものです。それだけ産後の体はデリケートということ。なので、きちんと医師に相談してから始めることをオススメします。

体型戻しとしては、産後1日目から骨盤ベルトをつけて、3日目から医師の確認をとって始めたのが「インナー体操」(p42)です。初日は1回だけ、体調をみながら毎日1回ずつ回数を増やして、ゆっくりしたペースで続けました。

産後1ヶ月以上からは、「呼吸法」(p24)や「LOOSEN YOGA」(p26)、「FIX EXERCISE」の中の「STANDING」(p54)がオススメです。呼吸で体の力を抜けば、授乳による肩こりの解消やリラックスに役立ちます。すべてお腹の奥を意識して続けると効果的です。回数は少なくても、ゆっくり丁寧にすることを心がけて。

「お腹の奥の筋肉(腸腰筋)を意識して姿勢を整える」という“全身やせ”は一生モノ。妊娠中や産後など状況に応じてできることは違ってきますが、出産後は焦ってエクササイズを始めるよりも、まずは日常生活で「肩を下げて、お腹を引き上げる」という“基本姿勢”を心がけてみてください。体の中が整えば、体型や体調はすぐに変わり始めます。

SHIHO'S STYLE

[産後ケア編]

エクササイズにまつわる疑問にSHIHOが回答。
読んでから始めれば、効果アップ！

TRINITY SLIM Q&A

Q1

3つのメソッドを毎日行うべき？

A. 毎日でなくても、どれかひとつの
メソッドでも、その中の
WARMING-UPだけでも全然OK。
体調に合わせて、好きなメソッドを選んで
自分のペースで行ってみてね。
毎日、少しでもいいから呼吸や姿勢を
意識することがポイントです。いつでも
「したい！」という気持ちを優先してね。

Q2

いつ、どのくらい行えばいい？

A. 好きなときに、好きなだけ、
好きな組み合わせで。
集中してできる範囲で行うのが
オススメです。

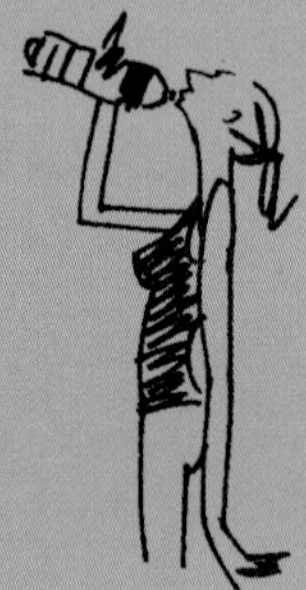

Q3

体が硬くて、動けない……。

A. 全く問題なし！
「TRINITY-SLIM」の目的は、
姿勢を整えること。
呼吸で体をリラックスさせたり、
体の中や基本姿勢を意識するほうが
柔らかく動くよりも大事です。

Q4

**腹筋運動を1回もできない私、
続けられる？**

A. もちろん！「TRINITY-SLIM」では、
ハードな腹筋運動は必要なし。
お腹の奥の筋肉を意識して動かすだけです。
まずは「呼吸法」(p24)や
「インナー体操」(p42)から始めてみて。
意識できれば、効果が出てくるはずです。

Q5

**さまざまなダイエットをしましたが、
すぐにリバウンド。どうすればいいの？**

A. 結果を急がず、じっくりゆっくり
行うことが大事。「TRINITY-SLIM」では、
整えた骨格に適度な肉がつくので、
同じ体重でもキレイにやせて見えます(p36)。
ダイエットする必要がなくなるのです！
食生活について(p94)も参考にしてね。

Q6

仕事が忙しくて時間が取れません。どうしたら習慣にできる？

A. 「呼吸法」(p24)なら通勤途中やオフィスで、「インナー体操」(p42)ならベッドの上でもできます。短時間でできる簡単なものから始めてみてね。「FIX EXERCISE」(p44)や「INPUT STRETCH」(p74)の基本姿勢や体の正しい方向、使い方を一度体に覚え込ませれば、日常生活でも自然に意識できるようになります。少しずつ、時間を上手く使って習慣にしてみてね。

SHIHO'S STYLE

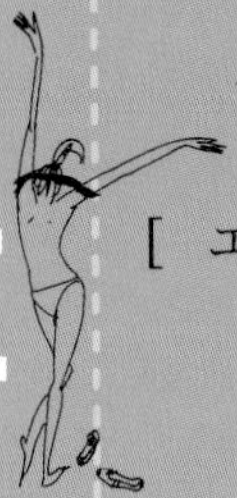

［ エクササイズの心得編 ］

Q7

運動は嫌い。続けられる自信がないんです。

A. 続けるコツは、楽しむこと。そして効果を実感することです。私は、いつもトレーナーさんと一緒に楽しみながら、コツを教えてもらっています。「FIX EXERCISE」(p44)では樫木裕実先生のかけ声はもちろん、効果を感じてもらえるコツやポイントを細かく伝えています。ぜひ、DVDでライブ感を楽しんで！

Q8

ストレッチだけで引き締まるの？

A. 引き締まるというよりも、ストレッチで骨格が整えば、肉のつき方が変わります。体の中への意識を高めて続けてみてね。

Q9

ストレッチなのに筋肉痛になっちゃった！

A. 体に力が入りすぎているのかも？深い呼吸を心がけて、体をリラックスさせてみてね。もし、お腹の奥が筋肉痛であれば、お腹を意識できている証拠です！

Q10

肩こり、顔やせ、足首を細く……とにかく全身に悩みがあるんです。

A. 肩こり解消には「LOOSEN YOGA」(p26)や「FIX EXERCISE」(p44)が、顔やせには「呼吸法」(p24)、足首を引き締めるには「太陽礼拝」(p72)がオススメ。繰り返すたびにバランスよく"全身やせ"でき、不調も解消できるのが「TRINITY-SLIM」です。

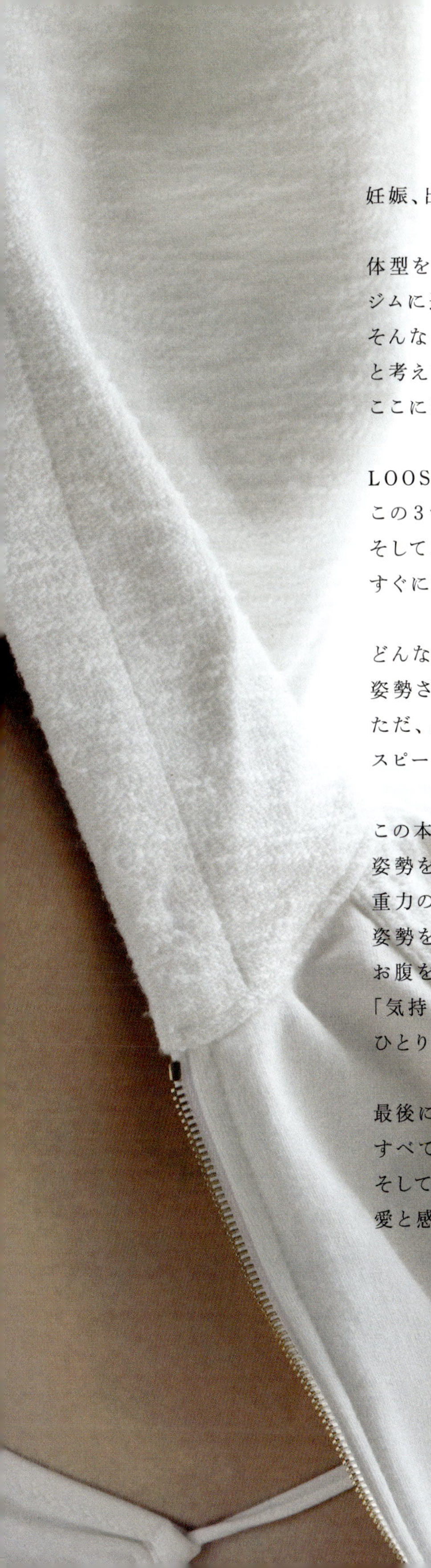

妊娠、出産を経験し、体は本当に変化しました。

体型をキレイにしたいと思う一方、育児に仕事に忙しい毎日で、
ジムに通ったり、ヨガをする時間が以前よりぐっと減りました。
そんなとき、ほんの少しの合間にできるものを……
と考えたのが「TRINITY-SLIM」です。
ここには体作りにおいて意識しているコツを、すべてつめ込みました。

LOOSEN、FIX、INPUT。
この3つは、私が体作りをするときに最も大切にしている手順です。
そして、これらのメソッドはどこから選んでも
すぐに始められるよう、簡単で短いものばかりです。

どんなダイエットやトレーニングをするよりも
姿勢さえ整えば、体は必ず変わります。
ただ、どこをどのように意識するかによって、
スピードや効果が全く違ってくるのです。

この本やDVDを見ながら体を動かして、
姿勢を正すための方向や筋肉の使い方を意識してみてください。
重力のままに、ラクな方向に体を使うのではなく、
姿勢を整えたときに肩の力を抜く感覚や、
お腹を引き上げて背筋が伸びる感覚を体験してください。
「気持ちいい」という感覚が増えるほど“全身やせ”に近づきます。
ひとりでも多くの方に、この効果を実感してもらえることを願って。

最後に、この想いを形にするために協力してくださった
すべてのスタッフに心から感謝します。
そして、この本を手にとってくださったすべての皆様に
愛と感謝の気持ちを込めて。

SHIHO.

DATA BASE

p95

コーディアル

(左から)ヴェーダヴィ ジンジャーシロップ(ヴェーダヴィ/お客様カスタマーセンター 0120-828-228)、有機コーディアル ジンジャー 500ml(ユウキ食品株式会社/0120-69-5321)、密 -hisoca- 生姜(大正製薬株式会社/大正製薬(株)お客様119番室☎03-3985-1800)、飲む生姜黒糖酢 200ml(株式会社紅濱/0120-55-1024)、白樺 エリキシール プレーン ～砂糖不使用タイプ～、ヒッポファン エリキシール(ともに株式会社ヴェレダ・ジャパン/お客様相談室 0120-070-601)

ウォーターサーバー

クリティア ウォーターサーバー(ウォーターダイレクト/☎050-5505-3744)

ハーブティ

(左から)bbmamanブレンドハーブティ ごぼう&ドライトマト(ビーバイイー/0120-666-877)、NO.57 Merry Marron(マロングラッセに合うブレンド)、NO.57 Ma Petite Papillion(ザクロとマンゴーのフレーバー)(ともにAsian Trotter/☎03-5648-7195)、オーガニック・ラズベリーリーフ、オーガニック・マザーズミルク、五行茶 土[do]オリエンタルハーブティ(ビーバイイー 0120-666-877)

p97

ミキサー

Vitamix TNC5200(アントレックス/☎03-5368-1800)

豆類

(左から)S&W レッドキドニービーンズ300、S&W チリビーンズ300(ともにリードオフジャパン株式会社/☎03-5464-8182)、essential Waitroseインゲン豆のトマトソース漬け、essential Waitroseミックスビーン(ともに株式会社ピーコックストア/ 0120-602-513)

栄養補助食品

(左から)ベジパワープラス(麦若葉加工食品)(アピオス/ 0120-441-831)、エムキュアプラスビューティーゼリー(万田発酵株式会社/万田発酵(株)お客様満足室 0120-00-5339)、アサイー100(アピオス/ 0120-441-831)、ぷちベジ36(株式会社ライフ・マックス/ 0120-866-703)

p98-99

ウエア

ほぼすべてSHIHOの私物、アディダスおよびアディダス バイ ステラ・マッカートニーのウエア(すべてアディダス ジャパン株式会社/アディダスグループお客様窓口 0120-810-654)

p100-101

心拍数モニター

adidas miCoach心拍数モニター(アディダス ジャパン株式会社/アディダスグループお客様窓口 0120-810-654)

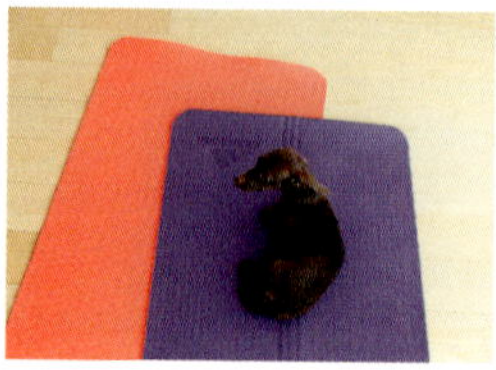

ヨガマット

(左から)アディダス バイ ステラ・マッカートニー ヨガマット、アディダス ヨガマット(ともにアディダス ジャパン株式会社/アディダスグループお客様窓口 0120-810-654)

ストレッチポール

ストレッチポール MX(株式会社LPN/☎052-757-4665)

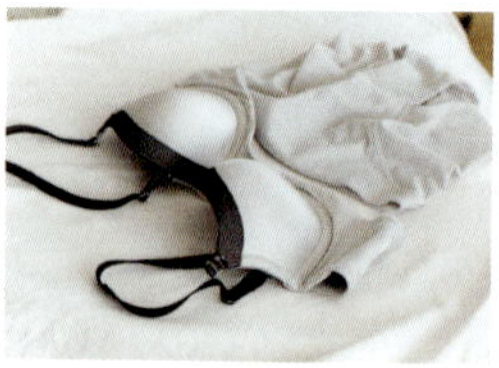

アンダーウエア

シェイプセンセーション ブラジャー、パンツ(ともにトリンプ/ 0120-104-256)

ストレッチボード

ストレッチングボード(アサヒ/☎058-245-2894)

TRINITY-SLIM STAFF

Exercise Supervisor & Leader
大友麻子(YOGA STUDIO TOKYO)
<p20-35 LOOSEN>

樫木裕実
<p38-41、44-65 FIX EXERCISE>

[BOOK Staff]

Art Director& Designer
前川朋徳(Hd LAB)

Director& Designer
小野美名子(Hd LAB)

Photographer
野口貴司(San・Drago)

Stylist
樋田直子(樋田事務所)

Hair & Make
佐藤エイコ(nude.)<SHIHO>
平元敬一(BRAVO BRAVA)<SHIHO>
松本晃幸(BRABO BRAVA)<大友麻子>
神谷友子(kind)<大友麻子>
斉藤節子(メイキャップルーム)<樫木裕実>

Illustrator
緒方 環

Editor
松本典子

Proofreader
難波 毅(東京出版サービスセンター)

Printing Director
甲州博行(凸版印刷)
井上 優(凸版印刷)

Artist Management
引地矩弥子
(STARDUST PROMOTION)

Artist Desk
風間静恵
(STARDUST PROMOTION)

Publishing Staff
海瀬僚子(SDP)

Publishing Support Staff
鶴井 梓(SDP)

Promotion Staff
志賀隆一　上原江里可　大塩秀太(SDP)

Sales Staff
川崎 篤　武知秀典(SDP)

Publishing Producer
海保有香(SDP)

Executive Producer
細野義朗(SDP)

Special Thanks to
庭山由美子
加瀬玲子(スタジオ・レイ)
横山智子(ADK)
坂口康二(STARDUST PROMOTION)
鹿島孝浩(STARDUST PROMOTION)
樽井美香(STARDUST PROMOTION)
遠藤仁士(STARDUST PROMOTION)

Special Support
森野圭子(STARDUST PROMOTION)

[DVD Staff]

Producer
手塚亮史(North United)

Director
内田竜也

Movie Cameraman
下畑博司
中嶋雪秀
山田 実

Audio Engineer
藤田尚哉

Lighting Staff
池田義朗

Editor
今村 繁(karomi STUDIO)
古屋範明

Music
紗希

Making Movie
志賀隆一(SDP)

衣装協力
アディダス ジャパン株式会社　http://www.adidas.jp/women
サザビーリーグ(ラジャンス)　☎03-5412-1937
東レ・ディプロモード(ヴィンス)　☎03-3406-7198
ジェームス パース 青山(ジェームス パース)　☎03-6418-0928
アメリカンアパレル　☎03-6418-5403
Pred PR(リック・オウエンス)　☎03-5428-6484
コロネット(ユー)　☎03-5216-6517
コロネット(ジョア)　☎03-5216-6516

How to use DVD

画面を見ながらコツを習得、
特典映像も！
DVDの構成を把握しよう

DVDの使い方

視聴の手順

1 DVDプレイヤーに、ディスクをセットしてください。

2 メニュー画面が自動的に立ち上がります（機種によって異なる場合があります。プレイヤーの説明書をご確認ください）。

3 オープニングムービー終了後、メニュー画面が表示されます。

4 ご覧になりたいプログラムを選択してください。

● ALL PLAY

オープニングムービー→「姿勢CHECK」→「LOOSEN」「FIX」「INPUT」の各WARMING-UP＆本編エクササイズ→「特典映像」の順で再生されます（所要時間約79分）。

● 姿勢CHECK

エクササイズを始める前に、正しい姿勢の確認を。

● WARMING-UP

「呼吸法」や「インナー体操」、「太陽礼拝」だけを行ってもOK。

● LOOSEN／FIX／INPUT

それぞれ、準備運動にもなるWARMING-UPと本編エクササイズが順に再生されます。WARMING-UPあるいは本編エクササイズを選ぶことも、さらに好みのポジション（「立ち」「座り」「ひざ立ち」「横たわり」）だけを個別に選ぶことも可能です。
EXERCISE ALL PLAYを選ぶと、全メソッドの本編エクササイズだけを連続して再生できます。

FIX EXERCISEでは、カーヴィーダンスでお馴染みの樫木裕実先生によるプライベートレッスンを再現。SHIHOと一緒にレッスンを受ける気分で楽しんで！

● 特典映像

樫木裕実先生×SHIHOの「スペシャルビューティー対談」とSHIHOからのメッセージも交えた「メイキング映像」が順に再生されます。プログラムごとに選ぶことも可能です。

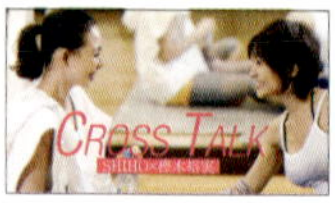

【注意事項】
◆ このDVDの内容は、各自の体調を考慮した上で自己責任のもと行うようにしてください。体に違和感を覚えた場合は、無理をせず中止してください。
◆ 妊娠中や産後の方ができる運動も含まれていますが、体調には個人差があります。必ず医師に相談の上、許可を得てから行うようにしてください。ケガや体調不良が生じた場合、製作者は一切の責任を負いかねます。

 各エクササイズの詳しい内容については、本書のp24〜33（LOOSEN）、p42〜63（FIX）、p72〜91（INPUT）をお読みください。

SHIHO

1976年6月6日生まれ、滋賀県出身。
17歳でモデルデビューして以降、数多くの女性誌を中心にTV、CMなど多岐に渡る分野で活躍。女性らしさと自然体の明るさを兼ね備え、洗練されたファッションセンスで幅広い層の女性たちから熱い支持を受け続ける。出産を経て仕事、家事、育児のすべてを120％満喫するライフスタイルにも注目が集まっている。

オフィシャルサイト「Shihostyle.com」
http://shihostyle.com/
オフィシャルブログ「Precious days with Shiho」
http://shihostyle.com/blog/

TRINITY-SLIM "全身やせ"ストレッチ

発行　2012年7月2日　初版 第1刷発行

著者　SHIHO
発行人　細野義朗
発行所　株式会社 SDP
〒150-0021　東京都渋谷区恵比寿西2-3-3
TEL　03(3464)5882(第一編集部)
TEL　03(5459)8610(営業部)
http://www.stardustpictures.co.jp
印刷製本　凸版印刷株式会社

ISBN978-4-903620-99-2

Printed in Japan